施設に問われる
利用者支援

著者　津田　耕一
発行　久美株式会社

はじめに

　約90種類、全国に6万ヵ所以上、従事者数80数万人以上。

　これは何の数字かお分りでしょうか。そうです。わが国にある社会福祉施設（以下、施設という）の種類、設置数、そこで働く職員数です。

　近年、社会福祉が非常に脚光を浴びており、社会福祉の仕事に従事する人は100万人以上だといわれていますから、社会福祉に関わる人々のうち9割近くが施設職員です。しかも、さまざまな種類の施設があります。この数字をみて分かるように、施設はわが国の社会福祉に大きな役割を担っています。施設に対する批判はあるものの、わが国では施設か在宅かという分け方ではなく、両方が融合した形で施設を拠点に地域福祉が展開されています。

　数の論理、というわけではないのですが、この施設職員が一致団結して高齢者、障害者、児童など福祉サービスを必要としている人々に良いサービスを提供できれば、日本の社会福祉はますます進展していくでしょう。しかし、そうでなければ、社会福祉は悪い方へと落ちてしまいます。

　社会福祉はいま、大きく変わりつつあります。「措置」から「契約」の時代といわれ社会福祉の仕組みが大きく変わろうとしています。施設においても例外ではありません。利用者の権利を明確にし、利用者主体の福祉サービスが強調されています。このような激動の中で、施設の利用者にどのようなサービスを提供していくべきかを真剣に考え、実行しなければならない時代がやってきました。

　しかし、施設で提供されているサービスの実情にはまだまだ多くの問題を抱えています。利用者の権利擁護、プライバシー、主体性の尊重など、決して満足のいくサービスが提供されているとは言えません。なかには、施設職員が利用者に暴力を振るったり、性的嫌がらせをしたり、年金を騙し取るなど信じられないような事件も起こっているようです。同じ人間でありながら、

施設利用者には人間としての尊厳が軽視されているなら大問題です。利用者がひとりの人としてその人らしい生活を送ることができるよう支援し、利用者の権利を守っていくことが、施設職員の役割であり施設の存在意義なのです。

　このことは、施設で働く職員自身が肌で感じていることでしょう。理想と現実のギャップに悩みつつ、日々の利用者支援のあり方はこれでいいのだろうか、利用者主体の支援とは具体的にどのようなものなのか、どうすればもっと良い支援ができるのだろうか、今の仕事に自信がもてなくなった、行き詰まりを感じている、こんなことして意味があるのだろうか、他の職員との関係がうまくいかない、など大きな不安や疑問を抱えたまま仕事に従事している人が多いのではないでしょうか。なかには、その重圧に耐えかねて優秀な職員であっても辞めてしまう人も多いようです。その一方で、問題だらけの仕事をしていても何の疑問を持っていない人もいるかも知れません。前者の人は、可能性を秘めた人ですが、後者の人は、相当な組織改革と意識改革を行わなければならないほど深刻化しています。しかし、そのままにしてはいけません。利用者が犠牲を被るだけです。

　私は、身体障害者授産施設（社会就労センター）の指導員として12年間働いていました。就職した当時は、社会福祉の勉強をしていたというものの、実践にすぐ役立てることができず、いま考えると、とんでもないことを平気でやっていました。恥ずかしいかぎりです。唯一の救いは、暗中模索のなかどのような利用者支援が望ましいのだろうと考え、夜遅くまで上司や同僚と話し合ったことです。必ずしも解決策が見つかるとはかぎりませんでしたが、真剣に考え、みんなで話し合えたことがなによりもの財産だと思っております。

　一方で、私は施設職員の研修などを通して、実に多くの施設長や職員と関わりをもってきました。施設で働く職員の多くは、日々の実践に悩みながら

仕事に従事しています。標準的な社会福祉援助のテキストは数多く出版されているのですが、施設職員に役立つ実用書はほとんどありません。施設職員は、日々の実践に役立つ書物を求めているのです。そのような要望が高まるなか、社会福祉援助の考え方を踏まえつつ、施設の現場向きに書き下ろした書物の刊行を考えました。

本書は、施設職員の抱える疑問や問題を少しでも軽減したり、よりすばらしい利用者支援を行うことを目的に書かれたものです。主に私の経験や当時の上司、同僚など多くの人と「本当の利用者支援とはなにか」を話し合ったり、考えたことをもとに書き留めたものです。多種に及ぶ施設職員の話し合いをもとにまとめていますので、施設種別を問わず読んでいただけます。施設職員の日々の実践に少しでもお役に立てば幸いです。

最初に、契約時代における求められる施設と職員像について利用者支援の視点から述べます。次に、利用者支援の視点や、利用者理解、支援の実際など利用者支援のあり方を具体的に述べていきます。そして、施設における組織や人材育成について述べます。

本書は、施設長、現場の責任者、中堅職員、新任職員まで幅広い階層の人を対象としています。また、直接利用者と関わる指導員、介護員や寮母だけでなく、施設で働く医療職、事務職、厨房の職員も視野に入れています。様々な階層、多職種の集まりである施設スタッフが一丸となった利用者支援のあり方についてまとめた書物です。ぜひ、日々の実践のなかで活かしていただきたいと思います。

なお、引用文献は極力避け、読みやすくしました。各章ごとに参考文献をまとめていますので、ご参照下さい。また、事例やエピソードは、事実をもとにした私の創作であり、登場する人名はすべて仮名です。

目 次

はじめに

第1章
求められる施設と職員像 ……………………… 1
1 社会福祉の動向 ………………………… 1
2 求められる施設 ………………………… 6
3 施設運営の基本スタンス ………………13
4 求められる職員像 ………………………20

第2章
利用者主体の支援1（大きな流れのなかから）…38
1 支援の意味 ………………………………38
2 利用者の権利 ……………………………47
3 サービス関係 ……………………………54
4 利用者支援の流れ ………………………58

第3章

利用者主体の支援2（具体的な関わりのなかから） 85
 1 利用者と職員の関係 ………………………… 85
 2 職務分析 …………………………………… 100
 3 利用者と接する態度 ………………………… 106
 4 コミュニケーション ………………………… 110
 5 コミュニケーションの技法 ………………… 120
 6 記　録 ……………………………………… 129
 7 実践編 ……………………………………… 137

第4章

組織と人材育成 ……………………………………… 146
 1 組　織 ……………………………………… 146
 2 組織の要のリーダー ………………………… 157
 3 組織に見るコミュニケーション …………… 167
 4 チームワークとリーダーシップ …………… 173
 5 人材育成と職員研修 ………………………… 183

第5章

これからの社会福祉施設 …………………………… 199
 1 多職種協働 ………………………………… 199
 2 地域に根ざした施設 ………………………… 203
 3 まとめ ……………………………………… 209

おわりに

 イラスト   畑田　多実

－第1章－
求められる施設と職員像

1　社会福祉の動向

◆措置から契約へ

　社会福祉基礎構造改革・介護保険など社会福祉は大きく動いており、施設もこの影響を強く受けています。施設にとって最も大きな改革点は、「措置」から「契約」による利用制度への移行でしょう。従来、施設の利用者は、福祉事務所や児童相談所といった行政機関へまず相談にいき、そこから施設を紹介してもらいます。しかも、施設を利用するのは、ご本人や家族の意向を大切にしますが、最終的には行政の判断で施設サービスが必要かどうか決められ、行政の責任で施設利用が開始されるのです。つまり、施設の利用は行政処分によるもので、社会福祉法人などの施設に、専門的ケアを委託（依頼）する仕組みになっていました。これを「措置」といいます。そこには、利用者や家族の選択権というのは、公的には認められていなかったうえ、行政処分によるものですから、施設と利用者の関係は上下関係のような印象が強くでていました。したがって、利用者の権利や主体性を重視した福祉サービスが提供されにくかったのが実情です。職員の勤務体制を主体とした日課は、その典型的な例です。

　ところが、人々の人権意識の高まりや社会福祉の多様化、複雑化、深刻化など従来の社会福祉のあり方ではこれからの時代を乗り切ることが出来なくなりました。そこで新しく出来たのが「契約」方式です。

第1章　求められる施設と職員像

　「契約」方式というのは、行政機関を経ず利用者が直接施設に利用を申し込むという形式です。そして、利用者と施設の双方の合意に基づくサービスの授受が行われます。選択権が利用者にも公式に認められることになると同時に施設と利用者は対等な関係になるのです。

　こうなると、名実共に利用者は施設にとって福祉サービスを利用するお客さまとなります。従来のような行政から委託を受けた保護や訓練の対象者ではなくなります。各施設は、福祉サービスを提供する一社会資源として独自の機能を果たさなければなりません。

　従来の措置制度だと、利用者1人につき措置費がいくらというように決まっており、利用者の定員を充足しておれば、収入が確保され、財政的に豊かでないにしろ安定していました。しかも、多くは行政の責任で利用者をほぼ定員いっぱいに充足してくれていたのです。そこには、競争原理が働かず、サービスの向上が遅々として進まなかった実情があります。施設側にすれば、行政からの委託であり、自分たちにとっての収入源は行政ですから極端な話、行政がお客さまだったのです。そこにはどうしても、行政側に目が向けられていました。

　ところが、今後は必ずしも、収入が安定するとは限りませんし、収入が減ることも予想されます。しかも、利用者が利用を希望しなければ施設はやがてつぶれてしまいます。施設存続のためには、「選ばれる施設」とならねばなりません。利用者が満足し、利用したいと思うような施設作りを目指した競争原理が働くようになり、企業努力ならぬ施設努力が求められます。そのために、各施設は省力化・効率化を目指した取り組みを行っている最中です。このような努力は、これまでの施設に欠けていた点であり、大いに評価されるところです。経営手腕が問われる時代になったのです。

1　社会福祉の動向

◆施設のリストラ

　最近よく「リストラ」という言葉を耳にします。これは、「restructure」の略です。この英語の綴り（スペル）をみて分るように、本来は企業の建直しの意味です。その一環として人員削減があるのです。それがなにか、リストラといえば人員削減をさすようなニュアンスが強くでています。「リストラにあった」、「リストラされた」という言い方はその代表です。これからの契約時代、人員削減だけでなく、広い意味で施設もリストラが求められていることは事実でしょう。

経済効率ばかり目を奪われると落とし穴にはまる

　しかし、ここで大きな落し穴にはまらないよう注意しなくてはなりません。それはなにかというと、各施設の省力化・効率化を目指すといっても経済効率ばかり目を奪われてしまう恐れがあるのです。専門性を兼ね備えた人よりも人件費の安い人を雇ったり、正規職員よりパートや臨時職員を多く雇うといった安い人件費で人を雇うことが起こります。それでサービスの質が向上するのであれば全く問題ありませんし、柔軟なサービス提供という視点から

第1章　求められる施設と職員像

小回りの効くパート職員を多く雇い、必要な時間帯だけ職員を多く配置する努力は必要だと思います。問題は、安くあげるためとりあえず人を集めたという方法を採ることです。

　目先の経済効率は、一時的にはコスト削減につながるでしょう。経営が楽になるでしょう。コンピューターを多く導入して省力化を図ることは効率的であるかも知れません。しかし、大事なことを忘れてはいけません。そのことをお話する前に、いくつかの本末転倒の例を紹介しましょう。

◆どこかおかしい今の施設

　私は、ある施設を見て大変驚いてしまったことがあります。法人内にあるいくつかの施設の事務を一本化しようという動きの中で、本来利用者が使用すべき部屋を職員が占有してしまったのです。役員室を作ったりコンピュータを何台も置き事務機能を集約しているのです。しかも、そのことをさも得意そうに「施設機能が充実した」と自慢しているのです。何とも嘆かわしいことです。外見や目先のことしか考えていないからこういう結果になったとしかいえません。利用者支援の視点が欠けているのです。つまり、利用者不在の施設経営がなされているのです。しかも、当事者たちはそのことが利用者の人権を犯していることにまったく気づいていないのです。もっと平たく言えば、まったく悪気（悪意）がないのです。その施設のある利用者から「今年から方針が変わって…」と寂しそうな声が漏れていたのを印象深く覚えています。

◆利用者の自立支援は収入減！

　もうひとつ、契約時代における矛盾点を指摘したいと思います。介護保険制度が始まって、高齢者の施設では、すでに措置形態ではなくなっています。以前なら、利用者は極力家庭に戻ってほしい、家族と過ごしてほしい、とい

う思いからいわゆる外泊を奨励していました。ところが、介護保険制度では、外泊した日は、実働日数とはみなされないため、保険料が入ってきません。そうすると施設は収入が減るため、一時帰宅をケアプランとして入れにくいということが起ってきます。

　また、施設内で様々な訓練に励むことで身辺自立が少しずつ出来るようになったとします。これは大変喜ばしいことです。ところが、利用者が身辺自立出来るようになると、要介護度の割合が低くなり、これまた収入減となってしまいます。そうすると、寝たきりの利用者を作りかねないということにもなってきます。

　この二つの事例をみてもわかるように、利用者の家庭復帰や自立という本来最も求められる支援を行うと、収入が減ってしまうのです。契約時代に入ると高齢者施設だけでなく、他の施設でも同じような問題が起ってきます。これは明らかに制度上に問題があります。これらについては早急に対策を立てるべきで、きっちりとした利用者支援を行っている施設を評価し、そのような施設こそ収入増につながる仕組みが必要です。

◆理想と現実のギャップ

　今回の一連の社会福祉改革では、理念として、利用者の権利や尊厳を守る、利用者の自立支援、利用者の選択、質の高い福祉サービスといったすばらしい内容が盛り込まれています。しかし現実には、経営効率化のためのコスト削減や収入源の確保、利用者後回しの対応、膨大な事務量のための事務的対応といった利用者とかけ離れた施設運営が行われています。

　私たちはこの現実をしっかりと捉えておかなければなりません。現場の生の声は、「そうしないとやっていけない」というのです。実際、介護保険下でのいくつかの施設の状況を見るとギャップに苛まれつつ大変苦労されている様子がありありと伝わってきます。障害者施設でも来るべき契約時代に備え、

第1章　求められる施設と職員像

経営の効率化を図っています。本書は、この矛盾から出発しています。この点をしっかり踏まえたうえで、本当の利用者支援について考えていきたいと思います。

2　求められる施設

◆施設が目指すもの

　先ほど「大事なことを忘れてはいけません」と書きました。そのことを考えてみたいと思います。たしかに、制度上の問題があるにせよ、本来、我々は何を目指しているのかを再度見なおす必要があります。目先の収入減にとらわれたり諦めてしまってはいけません。みんながみんなそうすると、今の制度を是認することになってしまいます。

　施設職員が一丸となって問題提起すれば制度も変わります。みんなで矛盾点を指摘し行政に訴えていくためにも、本来の支援のあり方を忘れてはならないのです。そして、制度を変えるだけのパワーを身につけてほしいと思います。実践しつつ客観的なデータを集め、問題点を整理し、そのうえで訴えていくことが大切です。

　施設は何のために存在し、だれのための施設か、何を目指しているのか、施設が目指す福祉サービスとはなにかを考えることが重要です。

　施設は、福祉サービスを提供する一社会資源として存在していますが、究極的に目指すものは、施設利用者の自己実現、自立、生活の質の向上、といった利用者の利益と生活を守ることにあるのです。このことを根底に置かなければ施設の存在はありえないはずです。利用者を抜きにしたり後回しにした施設運営があってはならないのです。決して、施設（法人や施設職員）のために施設があるのではなく、利用者のために施設が存在しているのだとい

うことを忘れてはなりません。

　外堀ばかり固めても中身を固めなければ、見た目は立派ですが一旦攻められるとたちどころに落城してしまいます。今の経営に目を奪われた施設の実態と同じです。

　◆契約制度をプラス思考に
　制度改革の中で、選ばれる施設を目指すことの意味を確認しておきたいと思います。良いサービスを提供しなければ選ばれる施設にならない、やがてつぶれてしまう、だから、つぶれないために良いサービスを提供する、といった構図が生まれがちです。これは何か、マイナスのイメージがあります。極端な言い方をすれば自分たちが生き延びていくためにサービスを提供することになってしまいます。

　しかし、マイナス思考のままだと大きな危険をはらむことになりかねません。選ばれない施設がつぶれるというのは、明らかに供給が需要を上回っている場合に成り立つ話です。現時点で利用者が施設を選ぶといっても、選べるほど施設が多くありません。質の高い施設に利用希望が殺到しても、受け入れる限度があります。そうすると、利用希望者は第2希望に行かざるをえません。それでもだめなら第3希望へと移っていくのです。

　そうなると、少々サービスの悪い施設でも利用者は利用せざるをえないのです。つぶれない程度に利用者が集まるとなると、施設は改善を止めてしまうのではないかという心配があります。

　また、「契約」という美名のもとに、施設が利用者を選ぶという逆転現象も起こります。本来、重度の障害を持つ人や、生活上の深刻な問題を抱えた人ほど、福祉サービスが必要であるにもかかわらず、そのような人は敬遠されてしまいます。

　そうではなく、本来の利用者を主体とした支援（サービス）を提供するた

第1章　求められる施設と職員像

めに、従来の制度上の問題を克服し、新しい制度を上手く活用する、というプラスの発想こそが大切です。ネガティブな思考ではなく、ポジティブな思考で利用者の選択権、主体性、対等な関係に根ざした支援とは何かを考え、実践することこそ本来の姿なのです。

　利用者の尊厳と主体性をなによりも尊重した施設で常に利用者中心に考え、良いサービス、利用者が満足いくサービスを提供する施設あるいは提供しようと最善を尽くしている施設が、本当の意味での選ばれる施設となるのです。このような施設こそ、物事の本質をしっかりわきまえており、働きやすく、労働条件も良く、働きがいがあり、優秀な人材が集まり、ますます繁栄していく施設となるでしょう。

◆経営の効率化は良いサービス提供の手段

　利用者を主体としたより良いサービスを提供するための手段として契約方式がとられるのです。そして競争原理を働かせ、経営の効率化を図るのです。施設側の経営努力が必要になってくるのです。ここで注意しなければならないのは、経営の効率化が施設の目的ではありません。目先の経済効率に目を奪われるような経営を行っていると、一時的にはうまく行っているかのように見えますが、やがて、そのサービスの質の低さや利用者をないがしろにした体質が露見し、結果的には衰退していくことでしょう。経営の効率化は、利用者の利益や生活を守るといった良いサービスを提供するための手段なのです。決して手段が目的とならないように注意したいものです。

究極の目標（目的） ────	利用者の利益や生活を守る
基本方針　　　　　 ────	利用者の尊厳や主体性を重視
手　段　　　　　　 ────	質の高いサービス、経営の効率化
結　果　　　　　　 ────	選ばれる施設

◆理念・価値、経営、実践のトライアングル

　ここで大切なのが、理念や価値です。理念とは、最も大切にするものの根本的な考えを意味します。価値は、そのものの値打ちや最も大切にしているものという意味です。公立、民間を問わず、設立時にその法人や施設の設立理念があったはずです。もう一度見直して下さい。原点に立ち返り、日々の実践が理念や価値と矛盾していないのか、経営をどう展開していくかを理念・価値、経営、実践という枠組みを常に往復させることです。「あちらを立てればこちらが立たず」という諺があります。何が正しいのかを考え、矛盾を感じつつ、そのことを痛み悩む気持ち、そして具体的にどうすれば良いのかを考える姿勢とそしてなによりも実行力こそが求められるのです。ベストの展開が無理でも、ベターの展開を行い、ベストに近づける努力こそが大切です。

　混沌とした時代で目の前にあることに惑わされやすいときだからこそ原点に立ち返り、ものごとの本質である理念をしっかり見つめ直すことが必要です。そういった目を養うことが必要なのかも知れません。

　児童養護施設など一部の施設は、措置制度が残ることになっていますが、これらの施設においても、利用者の尊厳と主体性を尊重するということを決して忘れてはなりません。むしろ、そのことが表面化しにくいからこそ、内面から（施設側から）強調して取り組まなければならない課題だといえます。利用者の主体性と尊厳を重視した福祉サービスは、施設の内側からも実行できるのです。

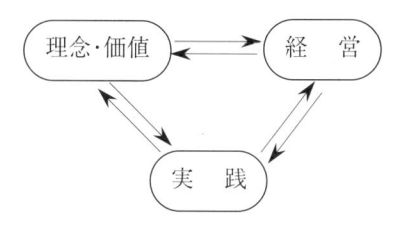

3つの軸が常に行き来した施設運営のあり方

第1章　求められる施設と職員像

理念に押しつぶされる前に具体的な方針をもとう

◆理念の具体化と運営方針

　理念は高くすばらしいものが必要です。しかし、その理念が日々の実践に結びつかなければ何の意味も持たないのです。理念があまりに立派すぎて、それに押しつぶされてしまう職員も多くいます。理念と実践を結びつける中間的な目標が必要です。中間的な目標は、少し努力すれば手の届くところにあるものにすべきです。たとえば、私が以前勤めていた法人の理念は、「キリスト教精神で最善の福祉サービスを提供する」でした。では、具体的にどうすることがキリスト教福祉なのかを考えていくことです。キリスト教精神だけでは、あまりにも遠すぎて崇高すぎるため、職員は利用者主体のサービスを具体的なかたちで日々の実践に結びつけることが出来ないのです。

　キリスト教精神という理念を実践するために、一人ひとりの利用者のニーズに可能なかぎり応えていこう、重度の人を受け入れよう、グループホームを作り地域福祉を推進しよう、在宅福祉事業に参加し地域の高齢者や障害者にも目を向けていこうといったことは、数年単位で努力すれば手の届く目標なのです。もちろん、職員の負担度を十分考慮した勤務体制が必要なのは言うまでもありませんが、目標がはっきりしており、そのことが理念へとつながると自覚できれば、職員も希望が持てしんどくても辛さを感じることなく（苦にならず）職員のやる気は倍増するでしょう。

　理念を実践するための指針、それが運営方針なのです。

◆あなたの施設は何が売り？

　理念、運営方針が固まったら、次にそれを具体的に実践していくサービスの内容を明確にしなければなりません。つまり、各施設（法人）の独自のサービス、強調できるサービスを打ち出す必要があります。

　皆さんが外食するとしましょう。何を基準に選ぶでしょうか。店の雰囲気、値段、店員の応対、盛り付け、味、量、混雑具合、立地条件などさまざまな決定要因があります。これらが複雑に絡み合って、その時の皆さんの状況に応じて店を選択することでしょう。各レストランは、その店の特色を出しています。その特色を活かして客を引き寄せようとします。

　これと同じです。皆さんの施設には、どのような特色がありますか。同じ特別養護老人ホームであっても、サービスに関する考え方や内容、提供の仕方が異なってきます。利用者を引き付けるような、自慢できるような特色のあるサービスを考えてみましょう。

◆事業計画

　各施設は、毎年事業計画を作成します。各施設が一年間どのような取り組みを行うかをまとめたもので、実践指針となるものです。私はこれまでに多くの施設の事業計画を読みました。実に立派なことが書かれてあるもの、毎年同じことの繰り返しのもの、毎年創意工夫がなされているもの、実践に結びついた良く練られたもの、各職員の意向が反映されているもの、多種多様です。

　この事業計画を各施設ではどのように位置づけているでしょうか。管理職がいつのまにか作成し、一般職員は見たことすらない、といった施設はありませんか。そこまでいかなくとも、事業計画を意識した日々の実践がどれほど展開されているでしょうか。体裁を取り繕うための事業計画となっていませんか。一般職員にまで事業計画の意図や内容が浸透しているでしょうか。

第1章　求められる施設と職員像

事業計画を意識しない日々の実践は、目的地もなく（あてもなく）、地図も持たないで旅行するようなものです。

　理念や価値は高く、といいましたが、この理念や価値をより具体的に示し、日々の実践の方向性を示すものが事業計画です。事業計画は、理念や価値と日々の実践を結びつける重要な働きをしているのです。管理職の考えをしっかり示し、かつ、一般職員の意向を十分汲み取った実用的な事業計画を作成しましょう。立派なものを作る必要はありません。実行可能なもの、具体的な内容を心がけましょう。数年越しの計画は、ステップ・バイ・ステップで考えていきましょう。

◆事業報告

　事業計画と同じくらい重要なものに、事業報告があります。これは、事業計画に基づいて各施設が一年間取り組んできた成果を報告するもので、事業計画の評価でもあります。適当に事業報告を書くのではなく、計画がどの程度達成出来たか、出来なかったとしたらその要因はどこにあるのかをきっちり押さえ、計画に対する報告（評価）にしたいものです。もちろん、年度途中で新規事業が入ってくることは十分予想されます。それは事業に対する報告として盛り込めば良いのです。

　問題は、事業計画とリンクしていない事業報告を作成していることです。事業計画と事業報告をまったく別次元で捉えているとしたら、何のための計画や報告なのか分かりません。

◆計画―実施―評価

　計画を立て、実施し、報告（評価）を行い、事業報告を睨みつつ、次年度の事業計画を立てていくことになります。このように見ていくと、仕事には、計画（Plan）、実施（Do）、評価（See）という3つの枠組みで進んでいること

が分かります。しかも、報告（評価）をもとに、新たな計画が立てられるというように、一直線方向に進んで終わりではなく、これら3つは大きな目標という目指すべきものに向かってまるで螺旋階段を上るように進んでいるのです。

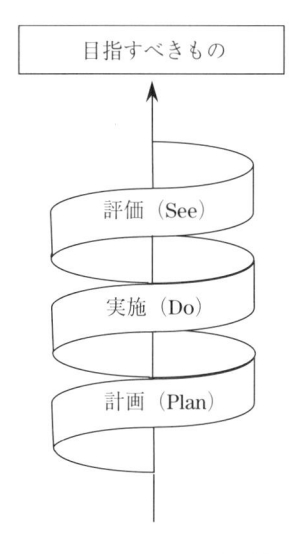

Plan – Do – See の循環性

3 施設運営の基本スタンス

◆最低基準が最高基準

　24時間施設で生活している利用者にとって、現在の設置基準では不十分な面が多いことは事実です。集団が優先される、同居部屋、プライバシーを守りにくい、マンネリ化された生活リズムなど数え上げれば切りがありません。なぜ、こうなっているのでしょうか。施設を建てるとき、最低基準というの

13

があります。この基準をクリアーしなければ、認可されませんし、補助金や措置費も支払われません。その一方、施設を建てるとき行政は原則として最低基準に基づく補助金しか出してくれません。そこで、施設は最低基準をぎりぎりクリアーする施設を建てるわけです。そうしないと、施設側の自己資金が多くなってしまいます。職員数も、配置基準に基づいた措置費しか支払われませんから、定員外の職員を雇うことは難しくなります。これがよく言われる、最低基準は最高基準です。本来、最低の基準より上を目指すべきものが、このような制限があるため、いつのまにか最低基準が最高基準になってしまうのです。

◆小さなことの積み重ねが大切

ところが利用者にとって、決して快適な生活ではありません。なにしろ、最低基準の中での生活を余儀なくされているわけです。そこで、各施設独自に、努力が行われることになりますが、措置費制度の下では、一般企業と違って多くの利益を得るということが出来ません。2人部屋や個室を増やしたり、職員を多く雇うには、資金をどこからか捻出しなければなりません。とても大変なことです。

莫大な資金がいりますから、すぐに実行出来ることではありません。ここで大事なのは、出来ないとあきらめてしまうか、今すぐには実行出来ないが数年かけて検討しよう、あるいは今すぐ実行出来ることはないかと前向きに物事を考えることが出来るかどうかという姿勢の問題だと思います。「制度上出来ないからダメ」と割り切ってしまう（諦めてしまう）のではなく、「やりたいけど今のところ出来ない。しかし、機会を窺っている」という姿勢こそが大切です。

制度上の矛盾を感じながら、そのことに悩みながら、利用者の痛みを感じながら日々苦悩しつつ仕事に取り組んでいるのとそうでないのとはまったく

意味が違ってきます。そして、今何が出来るか、自分たちで少し努力すれば出来ることは何かを考え実行することです。

いきなり、大きなことが実践出来なくとも、利用者の日々の細かな個別ニーズに応えていくといった出来るところから取り掛かる、ここに活気ある施設が存在するのです。もちろん、莫大な借金を覚悟に最初から最低基準を越えた施設作りに取り組んでいるところも多くあります。利用者と職員、職員同士が十分話し合い、出来る範囲で利用者のQOL向上に取り組んでいる施設の職員の方は、とても目が輝いています。このことが、さらに利用者への良い支援につながっていくことでしょう。

> 大きな目標を常に念頭に置きつつ、小さな目標からはじめ、中くらいの目標、大きな目標へと近づこう

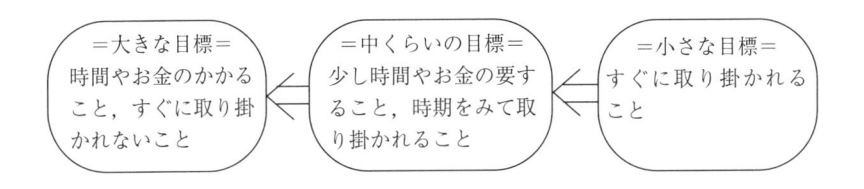

=大きな目標= 時間やお金のかかること、すぐに取り掛かれないこと ← =中くらいの目標= 少し時間やお金の要すること、時期をみて取り掛かれること ← =小さな目標= すぐに取り掛かれること

◆法人内の連携

ひとつの社会福祉法人でいくつかの施設を運営しているところが多いと思います。このような法人では、それぞれの施設が独自に機能することに加え、各施設が協力体制を作ることも必要です。それぞれの機能を活かしつつ、より広範囲な視点で利用者支援を行うことが肝要です。

ここで、連携が失敗した例と上手く行った例を紹介しましょう。まず失敗例です。ある身体障害者療護施設の利用者である丸中さんが、日中の活動の

第1章 求められる施設と職員像

場として隣接されている授産施設に週に1～2回半日程度通うようになりました。これは、丸中さんの希望によるもので、療護施設に十分相談なく個人レベルで通っていました。一方、受け入れ側の授産施設も同一法人内の施設の利用者ということで、気軽にごく簡易な作業を提供していました。

　ある日のことです。療護施設内で、丸中さんが行方不明になったと大騒ぎになっていました。そうとも知らず、丸中さんは授産施設で作業を終え、療護施設に戻ったところ大騒ぎを知ったのです。職員は厳しく丸中さんを注意しました。丸中さんは、それ以降授産施設にやってこなくなりました。

　実は、このことについて、療護施設の職員間で色々な話し合いが行われたのです。丸中さんにとって、隣接されている授産施設での作業活動は、社会参加の場であり、丸中さんの世界が広がり、生きる意味で前向きになれるから、積極的に進めていこうという意見と、隣の施設に迷惑が掛かるからやめさせるべきだ、何かあったときの責任はだれがとるのか、送迎やトイレ介助などどうするのか、など多くの意見がだされました。これを聞いた丸中さんは嫌気がさしてしまったのです。

　敷地内を散歩するのに許可は要らなかったのでしょうが、同じ敷地内でも他の施設のサービスを利用することが大きな問題となってしまったようです。ほとんど毎日施設内で生活するよりも、たとえ同じ敷地内であっても、普段の生活とは違った場所で、しかも、生産活動に従事している人たちに交じった活動を行うことは、丸中さんにとって大きな社会参加の一歩だったのです。しかも、それを自ら実行したのです。それを施設の連携が不十分だったために、利用者の主体性の芽を摘んでしまったのです。

　この事例から、多くの問題点がだされることでしょう。確かに、丸中さんが療護施設に黙っていたことは問題です。ではなぜ、丸中さんは療護施設に黙っていたのでしょう。何か職員に言えないものがあったからではないでしょうか。言えば、拒否されると思ったのかも知れません。授産施設との交渉

がややこしいと思ったのかも知れません。少なくとも、話をすれば前向きに対処してもらえるとは思わなかったことは事実でしょう。授産施設側の問題としては、丸中さんが初めてやってきたときに療護施設側にきっちりと報告し前向きに協力する意向を示さなかったことが挙げられるでしょう。療護施設側の問題は、丸中さんの主体性を尊重し、授産施設との交渉に結び付けられなかったことです。同一法人で同一敷地内にありながら施設同士の連携が不十分であったため、最終的には利用者が犠牲を被った例といえるでしょう。

次に成功した例を紹介しましょう。ある授産施設（通所）の利用者の家族が重い病気に罹り入退院を繰り返すようになりました。二人暮らしだったため、家族が入院するとその利用者は一人で生活出来ません。その日からたちまち生活に困ってしまいました。福祉事務所はすぐさま入所施設への措置替えを考えましたが、利用者ご本人の意向は、今の施設で作業しながら、時折家族の見舞いに行きたいとのことでした。

そこで、隣接している療護施設に短期入所する形をとり、昼間は授産施設で作業し、夜間帯や休日は療護施設で生活することとなりました。福祉事務所も特例として認めてくれました。同一法人の施設ということで、施設長同士と福祉事務所のワーカーが話し合い即決されたものです。本人の意向を尊重した取り組みがなされた事例といえるでしょう。

通所施設と入所施設が同一法人にあるとこのような対応が可能です。また、生活施設と授産施設では、利用者の社会参加の場を共有することも可能なはずです。療護施設の利用者で施設を退所して地域生活を望んでいる人、通所授産施設の利用者で今後の地域での生活に不安を抱える人がいます。このような人たちのためのケア付き住居を模索することも可能でしょう。ひとつの施設で出来ることにはおのずと限界がありますが、形態の違う施設同士が協力しあえば、大きな力となります。

第1章　求められる施設と職員像

◆均衡を保った運営
　先ほど、悪気はないが利用者をないがしろにした取り組みが行われている例を紹介しました。利用者主体という視点からすると、だれが考えてもおかしなことです。しかし人間は、客観的に見るとおかしいことでも、渦中に入ると物事の客観的判断が出来なくなってしまうことがあります。
　法人や施設の経営者が誤った判断をしようとしているとき、現場の職員が声を上げることは難しいと思いますし、たとえ声にだしても聞き入れられないことも多いようです。このような事態に備えて、少し離れた立場で苦言を呈することが出来る理事クラスの人がいると理想的です。経営、理念、実践という3つの枠組みをそれぞれ重視するリーダーが均衡を保ちながら法人や施設としての進むべき道を議論出来るとすばらしいと思います。
　考えの違う人を排除し、同じような考えの人ばかり集めると、誤った方向へまっしぐらに突き進んでしまいます。これはとても危険なことです。適度

渦中に入ると冷静な判断ができない

な緊張感のある職場ほどみんなが切磋琢磨してよい方向へと進んでいくものです。

◆職員は財産

施設は、利用者支援をさまざまな形で行っていますが、それを担っているのは職員です。優秀で意欲のある人材を育てていかなければなりません。人材育成の方法は、第4章で詳しく述べますが、ここでは、職員の重要性について考えていきたいと思います。

見た目が立派な施設であっても、一定の設備が整っていても、そこで働く職員の質が悪ければ、すばらしい施設とは言えません。施設でいちばん大切なことは、利用者が満足するサービスを提供することです。その担い手が職員なのです。施設の評価は職員で決まるのです。設備はある程度真似が出来ます。しかし、他の施設と同じ職員を集めることは出来ません。採用した職員を法人や施設の理念に沿った実践が出来るよう大切に育てていかなければなりません。英知をしぼって施設サービスを実践していくことが、良い施設作りの原動力となるのです。

聖隷福祉事業団の田島誠一氏は、職員を法人の財産であり、なおかつ「財」を産むといういう意味で「人財」と表現しています。そして、「人財を集め、教育していくことを長いスパンで計画することこそが経営者の役割である」と述べています。このように、職員を財産と考え、職員とともにサービスのあり方を考えていくことこそが、これからの法人経営にますます求められてくるのではないでしょうか。職員を大切にすることこそ良いサービスに直結するのです。そうしないと安心して働けないし、優秀な職員も辞めてしまいます。職員が夢と希望を持って働ける施設こそ利用者が最も選択しやすい施設なのです。

第1章　求められる施設と職員像

4　求められる職員像

◆施設職員は最もノーマライゼーション理念からかけ離れている

　社会福祉の基本理念として「ノーマライゼーション理念」があります。非常に有名な言葉で、いまさら説明するまでもないのですが、一言で言えば、すべての人が人間としての尊厳価値があり、一人ひとりの人としての違いを認めつつ障害をもつ人々や高齢者など社会的弱者といわれる人たちが当たり前の生活を送れる社会こそが本来あるべき姿である、となるでしょう。

　わが国ではこの「ノーマライゼーション理念」が非常に重要視されています。しかし、施設ではこの理念が理念として留まってしまい、実践されにくい実情があります。たとえば、授産施設の利用者が就労を目指して訓練しているとしましょう。職員は利用者に、作業技術の習得、社会性の向上や人間としての成長を援助目標に掲げます。これらのことを「指導」しているはずの職員が、遅刻してくる、同僚や上司に挨拶出来ない、といったことがよく見かけられます。

　身だしなみについても同じです。利用者の服装や容姿について細かくチェックしている職員が、通勤着も仕事着も同じジャージ姿、外出介助でもジャージのままで、いかにも施設利用者とその職員ですよといっているような格好をしていることもよく見かけます。これらのことは何も難しい技術を要求しているのではありません。社会人としてごく基本的なことです。つまり、施設職員は社会人としてのマナーを身につけてほしいのです。

　皆さんは名刺をお持ちでしょうか。とくに、外部との接触の多い授産施設の職員の方は名刺をお持ちでしょうか。授産施設の職員は、取引先の企業や顧客との商談の機会も多くあります。名刺を持たずして施設の代表として商談が可能でしょうか。先方が名刺を差し出しているのに、「すみません名刺を作っていないもので…」と答えていませんか。契約時代になれば、利用者

やその家族はお客さまです。お客さまに名刺を出さない業者はほとんどありません。

その他皆さんの職業生活を振り返ってください。電話の応対はいかがですか。相手に失礼なものの言い方をしていませんか。電話は、相手の顔が見えませんから、話し方や声で判断してしまいます。緊張して支離滅裂な答え方をしているのはまだ誠意が感じられますが、ぶっきらぼうな言い方は相手の気分を害するばかりか、施設全体のイメージ低下にもつながりかねません。

職員自身が社会的マナーに欠けていることが多く、職員がまず、ノーマライズされなければならないことがあります。社会福祉の領域しか知らない人は、就職するとすぐに、利用者、家族など周囲の人から「先生」と呼ばれ「立派な人」になってしまっているのです。しかし、実際は世間を知らない最もノーマライゼーションからかけ離れている人たちがノーマライゼーションを目指しているのですから、到底ノーマライゼーション理念が実現するはずはありません。

◆多様な経歴をもつ職員集団であることの長所と短所

その意味では、実社会の経験者が社会福祉の領域で仕事をすることはとても意味のあることだと思います。一般の企業で働いていた人が会社を辞め、社会福祉の仕事に就く人も増えています。定年退職をした人が施設長として招かれているというだけでなく、若い層、中年の人たちが転職しているのです。そして、子育てに一段落ついた主婦、定年後の活動の場として社会福祉関係の仕事に就いている方も多くなってきました。社会の実情を踏まえたうえで、施設利用者のノーマライゼーションを実現していくのは重要だと思います。社会福祉以外の領域からやってきた人が最初「戸惑う」、ということをよく耳にします。あまりにも、実社会とかけ離れた社会が存在し、ノーマライゼーションを得意げに語っているからです。多様な価値観や経歴を持った

第1章　求められる施設と職員像

人たちが集まって、様々な角度から一人ひとりの利用者への支援のあり方を総合的に考えていくことこそが、本当のノーマライズされた支援ではないでしょうか。

　実は、そのことが社会福祉の強みやメリットでもあり、デメリットでもあります。医療、看護といった資格を持った人しかその職に就けない領域と比較すると良くわかります。一人の人間の生活を考えるとき、全体的な視点が必要です。一部の領域の専門家だけで出来るものではありません。その意味では、社会福祉以外の領域の人が参入してくることは、多角的になり、社会福祉以外の領域からやってきた職員は堂々と意見を言えるはずです。社会福祉という狭い範囲でものを見るのではなく、包括的な見方が出来るわけです。

　一方、専門性に欠けることも事実です。このことは、ややもすれば社会福祉はだれにでも出来ると思われがちで生活上の困難や悩みを抱えた利用者の尊厳が失われることにもつながりかねません。

　ある対照的な特別養護老人ホームをご紹介しましょう。一つ目は、社会福祉や介護福祉を勉強した若い職員を多く雇っている施設です。その施設では、若い職員が中心になって利用者主体の支援に変えていこうとさまざまな企画が計画されています。もうひとつの施設は、社会福祉や介護福祉を勉強していない若い職員を多く雇っている施設です。その施設では、「仕事は何でも適当に」が暗黙の合い言葉になっているようです。

　特別養護老人ホームは、毎年数多くオープンしているため若い職員が大量に採用されています。若い職員が施設のパワーの源となっています。社会福祉や介護福祉を勉強した職員が多ければ良いというわけではないのですが、専門教育を受けた若い職員が利用者主体の支援のあり方を真剣に考えている施設は、活気があり伸びる施設と期待できます。その芽を育てていきたいものです。

社会福祉以外の領域からきた職員は社会福祉のプロでない自らの存在意義を感じつつも、社会福祉の勉強を就職後していただくのがベストではないでしょうか。福祉一筋の職員は、凝り固まったプロ意識を持たず社会福祉以外の領域からきた職員の意見を聴く謙虚さが必要です。そして、多様な人の集まりの中で、利用者の支援を考えていけるところに社会福祉の大きな特徴があるといえるでしょう。

　◆施設職員の専門性
　社会福祉の仕事に大切なのは、熱意と人格だと言われていました。これらはとても大切です。しかし、そこには専門性が入っていません。専門性よりも熱意や人格が優先されたことは事実でしょう。社会福祉で専門性というと、頭でっかち、口ばかり、動かない、といったイメージがあるようです。そのような人たちよりも、下の世話を厭わず行う人、口よりまず行動する人が求められてきたのです。では、施設職員の専門性とはどのようなものでしょうか。生身の人間を相手にする社会福祉の仕事でもっとも大切なことは、利用者を人として尊び、生活の主体者として捉える人間観や利用者の利益を守るという援助者としての価値観です。知識や技術はその気になれば短期間で身につきますが、人間観や価値観はその人の人間性とも関係しており、時間をかけて養われるものです。
　人間観や社会福祉に関する価値観が備わっていればそれで良いというものでもありません。社会福祉に関する知識や技術も備わっていなければなりません。利用者に適した制度やサービスに結びつけること、利用者の障害理解を深めること、社会福祉の動向といったことは知識の部分です。また、コミュニケーションの難しい利用者とどう関わっていくのか、利用者の意思を引き出すにはどうしたらよいか、より良い介護を行うにはどうすれば良いかといったことは技術の部分で欠かせないものです。このように見ていくと施設

第 1 章　求められる施設と職員像

職員の専門性とは、人間観や社会福祉に関する価値観が備わっており、専門的知識や技術があり、人と関わることが好きで心豊かな熱意のある人となります。すべての人がこのような専門性を身につけているとは思いません。努力することが大切なのです。

ここで、このことをもう少し、掘り下げて考えていきましょう。次の図を見てください。

利用者と関わる技法

	ある	ない
価値や理念　ある	A	B
ない	C	D

施設職員のタイプ分類図

皆さんは、どのタイプでしょうか。どのタイプに入るか、基準が不明瞭ですから一概に言えませんが、大きく4タイプに分けられるのではないでしょうか。

　Aの人：理想的な職員タイプです。しっかりとした考えをもち、かつそれを実践している人です。

　Bの人：利用者の人権や主体性を強調している人が、利用者を呼び捨てにしていたり、威圧的な態度で接している場面をよく見かけます。利用者の介護や目立たない雑用を避けたがる人がいます。このような人は理念だけが高く、実践に結びついていない人です。しかし、自分では、最も利用者を尊重していると思っているのです。自称、福祉のプロなのですが、最もやっかいなタイプの職員といえるでしょう。

　Cの人：専門的なことはよく分らない、とりたてて、人権を口にするわけでもないのですが、具体的な場面で、実にうまく利用者と関わっ

ているタイプの職員です。利用者の気持ちをうまく汲み取り、利用者から信頼されている職員です。伸びる可能性を十分秘めた職員です。このようなタイプの人の弱みは、その場その場の関わりはすばらしいが、全体として利用者をどう支援すれば良いかが見えにくいことです。場合によっては、誤った方向に進んでいることもあります。

Dの人：理念もなければ、利用者との関わり方も心得ていないタイプの職員です。経験年数の浅い職員は、この範疇の人が多いと思います。我武者羅に取り組むことに精一杯なのです。多くの職員はそのことに気づき、冷静に自己を見つめなおそうとします。問題は、いつまで経ってもそのことに気づかない勤務年数だけが長いベテランといわれている職員です。このような人は、"自分が一番"と勘違いしている人です。

◆慣れほど恐いものはない

　施設で働く職員は、仕事に対してそれぞれ希望や夢を抱いている人も多いようです。働きだした頃、色々と利用者への支援のあり方に疑問を抱いていた人が数か月もすると、仕事に追われ疑問がしぼんでしまい、そのうち疑問を感じなくなってしまいます。

　私はある新人職員の話が印象的でした。「仕事を始めた頃、利用者の生活はこれでいいのかといつも疑問に感じていました。ところが数か月経つと、それを疑問と感じなくなりました。そんな自分が恐ろしくなりました」

　この職員は、まだ救いがあります。まだ、自分を恐ろしいと冷静に見つめることが出来ているからです。もっと典型的な事例があります。仕事を始めた頃、多くの疑問を感じながら先輩職員にその疑問をぶつけていた職員が、1年も経つと、そのことを忘れてしまい、新しく入ってきた職員からかつて

第1章　求められる施設と職員像

自分が抱いていた疑問をぶつけられたとき、現状を肯定するような発言をしていることです。

利用者の生活より自分の都合を優先し、利用者のことをやっかいもの、わがままと決めつけ、威圧的に関わる職員、あなたの周りにいませんか。

先程のマトリックスで、BやCにいた職員がいつのまにかDに落ちてしまっているのです。このパターンがもっとも危険なのですが、意外とこのタイプの職員が多いのです。Aを目指して自己研鑽しましょう。そのために、利用者主体の支援とはどのようなものかを考え、日々の実践と結びついているか常に振り返る必要があります。

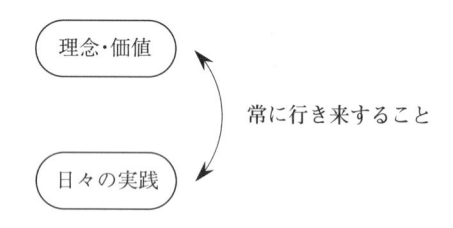

```
    ┌─────────┐
    │ 理念・価値 │
    └─────────┘
         ↕     常に行き来すること
    ┌─────────┐
    │ 日々の実践 │
    └─────────┘
```

◆職員は聖人君子ではない

職員も人間です。利用者の思いを受けとめすぎ、それが重荷になることもあります。真面目で熱心な職員ほどそのような傾向にあります。崇高な理念に押しつぶされそうになったり、専門職という立場に不安を感じることだってあります。適度に聞き流せる人、発散出来る人はいいのですが、だれにも打ち明けられなかったり、どうにもならなくなって打ち明ける人がいます。利用者の悩みが重すぎ、背負いきれなくなってしまうのです。背負いきれないとき、上司や同僚に相談しましょう。皆さんはそのようなことを相談出来る人がいますか。ぜひ見つけてください。

利用者も職員も生身の人間同士、しかも生活の大部分を関わっているわけです。時には利用者に対する愚痴がでることもあるでしょう。いい意味で職

員同士受けとめていけば、「自分だけではなかった」と辛さを共有しあうことも大切です。そして、そこから職場としてどう取り組んでいくかを考えていくことが重要なのです。決して聖人君子になることはありません。それでも、優秀な職員が悩み辞めていきます。悲しいかな、それが現実です。

　私はある利用者と関係がうまくとれず、利用者から強い批判を受けたことがありました。私が辞めるかその利用者が辞めるか、というところまで追い込まれました。職場全体でその利用者にわがまますぎてとても対応できないと批判の目が向けられるようになりました。私もその利用者に対し、批判的になり顔も見たくないほどでした。そのような気持ちを享受しつつ、もう一度やってみようということになりました。並大抵の努力ではありませんでしたが、徹底的にその利用者を受容しようとしました。その結果、双方の理解が深まったような気がします。職場はチームとして動いています。私が出来ないことは他の職員がうまくカバーしてくれました。みんなの協力で私もその利用者も引き続き施設に関わることが出来たのです。

◆施設は多職種協働

　皆さんの働いておられる施設には、どのような職種があるのか、整理してください。各職種間の協力関係が上手くとれていますか。医務と指導課や療護課がもめていませんか。事務は別世界と考えていませんか。どの職種も施設にとって欠かせないものです。そして、これらの職種が連携しなければ良い利用者支援は出来ません。

　各職種が施設の中でどのような役割を担っているかを自覚し、協力関係を保って初めて総合的な利用者支援が出来るのです。お互い、縄張り意識をだしたり、たらい回しにしたりしていませんか。「指導課のすることに口出しするな」と他部署と境界線を引いてしまっていませんか。「それは、医務がやるべきことだ」と責任を押しつけていませんか。厨房の職員の方は、「わたし

第1章　求められる施設と職員像

たちは食事を作ることが仕事」と割り切っていませんか。食事を作ることが施設全体の中でどのような役割を果たしているのかを考えているでしょうか。厨房も利用者支援の大きな役割を果たしています。

　指導課は自分たちが中心と考えていませんか。このような奢りは禁物です。他部署からの反感を招く原因となりますのでくれぐれも慎んでください。職場内で他部署との連携がうまく行っていない施設は、まさしく縦割り行政と同じで利用者全体を見据えた支援が出来ません。それぞれがきちっと仕事を遂行していても全体として見ればちぐはぐになってしまいます。

　1人の利用者に対し、各部署がどう関わって、どのような役割を果たしていくのか、全体的な視点から見ていくことが必要です。連携のとれている施設は、きっと良い支援ができているはずです。

◆施設職員の仕事の本質

　皆さんの日々の仕事はどのようなものでしょうか。一度振り返ってみてください。介護業務、作業指導、利用者への日常生活援助、相談業務、看護業務、事務業務、栄養管理、調理、管理業務など人それぞれでしょう。

　それぞれの業務が終われば一日の仕事も終わりという、そんな毎日が続いていませんか。皆さんの日々の業務は、それ自体が業務の本質ではありません。日々の業務を通して施設の目指す方針にどう関わっているかを自覚することです。つまり、日々の業務が利用者支援にどのような役割を果たしているかということです。日々の業務を消化することに精一杯で仕事の本質が見えなくなっていませんか。私が以前勤めていた授産施設でも、日々の受注品を納品することに追われ、利用者主体の作業ではなく、職員主体の作業体制を組んでいたことがありました。

　これでは、作業の専門家にはなれても、利用者の権利と生活を守るという利用者支援の専門家とは言えません。皆さんは、介護の専門家、作業の専門

家ではないのです。日々の業務を通して利用者支援を行う専門家であることを自覚してください。

　人から、「あなたの仕事は何ですか」と問われたとき、「介護です」ではなく、「介護を通して利用者の権利と生活を守るという利用者支援を行っています」と答えられるようにしましょう。

◆急がば回れ

　「利用者の権利と生活を守るという利用者支援が我々の仕事だ」、といっても具体的なものが見えてきません。ときには、目先のことに囚われ目指すべきものを見失うこともあります。だれだってこのような経験をもっています。ここで大切なのは、回り道をしながらも、本来目指すところに向かって、一歩一歩着実に歩んでいくことです。時には、道から外れることもあるでしょう。そのようなとき、自分は何を目指しているのかをしっかり持っていればすぐに軌道修正できるはずです。

　一直線に山頂まで登れません。ぶったおれてしまいます。自分なりの勾配ペースをつかみ、それに合わせて山頂を目指してください。はっきりと山頂が見えている場合はまだ良いのですが、社会福祉の仕事や利用者支援の究極の目標は漠然としか捉えることが出来ないことも多いです。このようなとき、山頂付近に靄がかかってしまい、どこに向かって進めば良いかが分からなくなります。当たっていれば良いのですが、外れていると大変なことになります。

　施設職員の仕事は、見えないゴールに向かって進んでいるようなものです。ここに社会福祉の仕事の難しさがあるのかも知れません。利用者と共に歩みつつ、目指すべき方向を模索しながら一歩ずつ進んでいくものです。その意味で支援の展開過程が重視されます。登山の意味を考えず、目指すべきものがなく、必要な知識や器材もなく、登山を行ったのでは遭難してしまいます。

第1章　求められる施設と職員像

　　　　　頂上には靄がかかっているがマイペースを保って登ろう

　このようなことを極力避けるため、準備を行うのです。しかし、途中どのような不測の事態が起るかわかりません。このような事態に備えて機転と判断力、行動力が求められます。施設職員の仕事も同じことが言えるのではないでしょうか。

　不測の事態に備え、普段から利用者支援とは何か、どうあるべきかを考え、常に新しい知識や技術を貯え自分のものにしておくことが大切です。日々変わりゆく社会福祉の動向や制度をしっかりと学びましょう。先ほど、支援過程が重要だと述べました。見えないゴールを目指すのは大変ですが、次章以降で具体的な利用者支援の視点や方法を詳しく解説しています。ぜひ、参考にしてください。

　◆施設職員は勉強嫌い！？
　福祉に携わる人はあまり勉強しない、ということを聞いたことがあります。医療、保健、看護の世界は、日進月歩技術が進んでおり、毎日が勉強の連続

だそうです。講演会、説明会、自主学習会など仕事の合間を縫って自費で参加しているようです。そうしないと仕事についていけないそうです。

　皆さんはいかがですか。「出張扱いなら行くが、自費なら行かない」ということが多くありませんか。仕事に関係することですから、当然といえば当然ですが、受け身的な姿勢ではいつまで経っても進歩しません。毎日、介護さえしていればいい、散歩させてればいい、作業さえ提供していればいい、といった気持ちで仕事をしていませんか。たしかに、これだけでも日々の仕事を遂行していることにはなります。しかし、それだけでは済まされません。新しい考えをどんどん吸収していかなければなりません。自己開発の意味でも、必要なことは貪欲に学んでほしいと思います。

◆**利用者から学ぶ姿勢**
　学ぶということは、勉強会に参加することだけを意味しません。職員は、利用者を保護し、相談・助言し、指導し、介護することで給料をもらっています。職員が利用者にサービスを提供し給料をもらうという関係があります。しかし、果たしてそれだけでしょうか。利用者も職員も同じ人間です。たまたま福祉サービスを必要としている人、サービスを提供している人という関係が施設内で成り立っているだけです。このサービスのやりとりの間には様々な人間的ふれあいが生じてきます。

　人生経験豊かな利用者からは、実に学ぶことが多いのではないでしょうか。また、年配の利用者でなくとも、日々の関わりの中でその利用者の生きざまや人間観など学ぶべきことも多いはずです。人間性を豊かにしていくためにも利用者から多くのことを学びましょう。私たちは、利用者に支えられることで職員としても人間としても成長しているのです。あなたは利用者からどれほど人間性を豊かにしてもらっていますか。どれほど仕事や人生の糧を得ていますか。一度考えてみましょう。

第1章　求められる施設と職員像

　そう考えると、給料だけでなく、人と人とのふれあいやぶつかり合いがあるのです。利用者の顔を見ていると心が和む、ということはよく耳にすることです。利用者から「ありがとう」「ごくろうさま」「助かるわ」と笑顔で言われると、仕事への意欲が湧いてくることもあります。利用者に喜んでもらえる、感謝の気持ちが伝わってくるとどれほど勇気づけられることでしょうか。

　なかには、仕事に対する報酬は給料だから利用者からそのようなことを求めるのはおかしいという意見もあるでしょう。たしかに求めること自体は問題があるでしょう。しかし、結果としてでてきた言葉だとしたらどうでしょう。仕事をしていくうえで大切なことは、給料をもらうことは無論のこと、利用者に喜んでもらえる、利用者の利益につながる仕事をすることです。

　給料だけを仕事の報酬と考えていると、仕事への満足感は高給料へとつながりかねません。そうすると、高い給料を得るためにはどうしたら良いか、利用者がお金に見える、といった本末転倒の考えに結びつきかねません。施設職員の給料や労働条件を改善することは大切です。そのことを否定しているのではありません。仕事の価値をどこに置くかです。

ギブ・アンド・テイクの関係

利用者が満足したり利益につながる仕事を提供することで結果として利用者からの感謝の言葉掛けや態度を受けとることからも、報酬を得ているのではないでしょうか。仕事の糧は、お金だけでなく、利用者との交わりを通した職員自身の自己成長にもあるはずです。職員と利用者との「ギブ　アンド　テイク」の関係があるのです。

　これは、何も施設内だけの特殊な関係ではありません。食事にいっておいしければ、帰りぎわその店の店員に「ごちそうさま」というでしょう。旅館でも良いサービスに対しては「お世話になりました」というでしょう。これと同じことです。サービスに対する感謝の気持ちとして、ごく自然なお礼の言葉掛けがお金を支払っているお客の口から出るものなのです。あえて、一般のサービス業との違いを述べれば、その場かぎりの対応ではないということが言えます。日々利用者と職員が触れ合っているのです。利用者の中には、人との交流を求めている人も多いはずです。事務的な対応ではなく、心と心のふれあいこそが大切です。

　双方「ありがとう」「いいえどういたしまして」という何気ないことば掛けがでてくる関係こそ、すばらしいではありませんか。重度の障害をもつ利用者や痴呆性の利用者で言葉が上手く話せなくとも、日々の態度でそのことが伝わってくるのではないでしょうか。その態度を感じ取れていますか。

◆感受性を豊かに

　いつも何気なく通る道に、昨日まで咲いていなかった花が咲いたとき、あなたは気づきますか。意識していなくとも、目に留まり「わっ、花が咲いている、きれい」と思える人、すばらしい感性の持ち主だと思います。「花など興味ない」といわれる方もおられることでしょう。問題は、ちょっとした違いに気づくことです。利用者の何気ない、しぐさ、動作、声の表情、行動の変化をどれだけ、敏感にキャッチできるかどうか、このような感性こそ施設

第1章　求められる施設と職員像

職員には求められるのです。
　私の上司が、きらりと光る専門職としての感性を発揮したことがありました。ある利用者の顔色が悪いのではないかと、私に問い合せてきたのです。毎日顔を合わせている数名の職員や家族はその微妙な変化に気づかなかったのですが、上司はとっさにその変化に気づいたのです。すぐに家族に連絡を取って利用者を病院に連れていってもらいました。幸い大きな病院で入念な検査を行った結果、大きな病気に罹っていることが分かったのです。すぐさま、適切な処置が必要となりました。
　このように、ちょっとした変化に気づかなければその利用者は手遅れになっていたかも知れません。命と関わる重大なことにもつながりかねません。感性を研きましょう。

◆利用者は職員の放送局ではない

　利用者と生活を共にすることが多くなると、利用者・職員間に独特な関係が生まれてきます。このことは後で述べるとして、特定の利用者の前で、他の職員や利用者の中傷をしないことです。利用者は、施設内での生活が今の生活の大部分を占めます。特に、入居施設の場合は顕著です。利用者にとって施設は大きな社会なのです。職員の勤務表や役割分担、職員・利用者間の人間関係、職員同士の人間関係など非常に気になるものです。「今日の夜勤は、○○さんと○○さん。二人は仲が悪いから、仕事の段取りがちぐはぐ。頼みたいことは、日中○○さんがいる間にしておこう」といった具合です。このようなとき、職員側も「今日は○○さんと夜勤か。やれやれ、疲れる」、とポロリ利用者の前で洩らしてしまうことはありませんか。こうなると、火に油を注ぐようなものです。また、「利用者の○○さんは、ほんとわがままで困る、また無理な要求をしてきた」など他の利用者の前で愚痴をこぼすとこれまた、大変なことになってしまいます。

もっとひどい話を紹介しましょう。自分と仲の悪い職員のことを利用者が批判的に言うのを喜んで、それをもっと言い触らすように利用者を焚き付けることです。たしかに、仲の悪い職員の批判を聞き、その点自分は良くしてくれていると言ってもらえれば、嬉しくもなります。利用者から支持を得たと思いがちです。このようなことが蔓延してくると、言わなかったこと、しなかったことでも、言った、したとなってしまいます。誤解が誤解を招き人間関係がこじれるばかりです。
　職員間で連携しながら利用者支援を行っているはずが、自分を守るために仕事をするようになってしまいます。利用者は、決して皆さんの情報網でも放送局でもありません。プロの社会福祉従事者としての自覚をしっかり持ってください。
　利用者が上記のようなことを言ってきたとき、聴いたうえで、冷静な対処を行ってください。決して職員が火に油を注ぐようなことをしないでください。

◆**失敗を繰り返し反省に結びつける**
　以上、求められる職員像について述べてきました。皆さんにも色々と思い当る節があると思います。出来ていることはますます磨きをかけましょう。改善の余地有りと思った方、実に謙虚ですばらしい職員の素質を備えています。ぜひ、チャレンジしてください。
　人間失敗も多い、反省したつもりでもまた同じ失敗を繰り返してしまうのです。私は、利用者の生命にかかわることは別として、何度も失敗を繰り返して良いと思います。何度も何度も失敗を繰り返し、理屈だけでなく、体で覚えればやがて失敗は無くなるでしょう。このとき、初めて反省出来たのです。失敗を繰り返し、真の反省へと結びつければ良いと思います。
　自分の一日の業務を振り返り、客観的に評価できること、明日から、どこ

第1章　求められる施設と職員像

をどう改めたら良いか、なぜそうするのかを考えられる人、そして、自分の良かった言動を自ら誉めることが出来る人、すばらしいではありませんか。そして、良かったところは、また繰り返せば良いのです。改善すべきところは、改善しようと努力すること、つまり、実践しようとすることが出来れば本当にすばらしい職員になると思います。

第1章のポイント

- ◎契約時代に向け、理念とされていることと現実のギャップをしっかり押えること。そのうえで、よいサービスを提供するための競争原理は重要である。しかし、そのために経営の効率化を最優先するのは本末転倒である。あくまで、良いサービスを提供するという目的達成のための手段として経営の効率化があるのである。

- ◎選ばれる施設とは、効率化を目指すことだけでなく、しっかりした理念や価値をもち、本当に利用者の尊厳を重視したより良いサービスを提供する施設である。選ばれるのは、利用者を主体とした取り組みの結果である。プラス思考で契約時代を迎えよう。

- ◎理念や価値をしっかりもち、経営のあり方や日々の実践と結びつけること。

- ◎施設職員は、社会人としてのマナーが必要である。

- ◎施設は多様な経歴をもつ人たちやさまざまな職種の職員で構成されている。利用者を総合的な視点で支援していこう。

- ◎社会福祉のゴールは抽象的で見えにくいところにある。その見えないゴールに向かって一歩一歩進んでいきながらゴール

を模索しよう。その意味で支援の過程が大切である。
◎職員は聖人君子ではないし、失敗も繰り返す。そのことを素直に見つめ、振り返り、どうすれば良いかを考えることが大切である。
◎利用者にサービスを提供するのと同じく利用者からも人生の糧を受け取ろう。そこに人間同士の触れ合いが生じてくるし、職員としても人間としても成長する。
◎感性豊かな職員になろう。

引用・参考文献

小笠原祐次・福島一雄・小国英夫編：『社会福祉施設』有斐閣　1999

田島誠一：「社会福祉法人の経営改革－理念・使命の明確化，経営の効率性と人材の育成・確保－」『社会福祉研究』第76号　p41～p49　1999

島田恒：『非営利組織のマネジメント－使命・責任・成果－』東洋経済新報社　1999

久田則夫：『施設職員実践マニュアル－インフォームドコンセントにもとづいた利用者主体の援助プログラムの勧め－』学苑社　1996

― 第2章 ―

利用者主体の支援1（大きな流れのなかから）

　第1章で施設サービスのなかでも利用者主体の支援に焦点を絞って、施設のあり方と求められる職員像について述べてきました。第2章と第3章では、具体的な支援のあり方について述べていきます。

　本章を読み進めていく前に皆さんの日々の業務（とくに利用者支援）について振り返ってみてください。問題と思っていること、困っていること、悩んでいること、どうしたらよいか分からないことがあるかと思います。どのようなことでしょうか。皆さんが思い浮べたことを念頭に置きつつ本章を読み進めてください。

1　支援の意味

◆ウルトラマン登場

　まず、「支援」とはどういう意味なのか、整理したいと思います。その前に、最近切手のデザインにもなった人気こども番組「ウルトラマン」をご紹介したいと思います。

　多くの方はウルトラマンという名前くらいは知っておられると思いますが、簡単にウルトラマンシリーズの内容をご紹介しておきます。地球に怪獣や宇宙人が現われ、街を破壊していきます。地球防衛軍なるものが応戦しますが歯がたちません。そこで光の国の戦士ウルトラマンが登場し怪獣をやっ

つけるという筋書きです。

　私が幼少の頃、初代のウルトラマンが登場しました。当時のウルトラマンは、普段は地球人に成り済まし、怪獣が現れるとウルトラマンに変身するのです。正確には、ウルトラマンという元の姿に戻るといったほうが良いのかも知れません。私の印象では、とにかくウルトラマンは強かったのです。

　その後、シリーズ化され、テーマや筋書きも変わっているのですが、いくつか気づいたことがあります。第1は、最初の頃と違ってウルトラマンが地球人にウルトラの力を授けるようになるのです。怪獣が現れたら、力を授けられた地球人がウルトラマンに変身するのです。ただこの時は、一方的にウルトラマンが人間に力を授けているのです。ところが、最近のシリーズでは、人間が自らウルトラマンの力を求めているのです。限界まで怪獣や宇宙人と戦って人間ではどうにもならなくなったとき、ウルトラマンに変身するのです。最近シリーズの主役はウルトラマンよりもむしろ人間であったような印象をつよく受けます。

　第2は、ウルトラマンだけでは、怪獣や宇宙人を倒すことが出来ず、地球防衛軍と力を合わせて初めて怪獣を倒すことが出来るのです。

　第3は、ウルトラマンは一人ではないのです。意見の相違でウルトラマン同士力を合わせることが出来ないときは、ちぐはぐなことになってしまい、人類は不安に陥るのです。しかし、最終的には両者が歩み寄り、力を合わせ怪獣や宇宙人を倒すことが出来るようになるのです。

　第4は、もともと地球には怪獣が生息しているという設定になっています。初期の頃は、当然のごとく倒していたのですが、やがて人類は怪獣との共存を模索しはじめたのです。そして遂には、人類と地球に生息している怪獣が力を合わせ、宇宙からの侵略者を倒し地球を守ったのです。

第2章　利用者主体の支援1（大きな流れのなかから）

◆処遇から援助、そして支援へ
　以上、シリーズ化されたウルトラマンの特徴を書きましたが、このように見ていくと多くの読者は気づかれたことと思います。そうです。ウルトラマンの歴史は、施設サービスの歴史と非常に良く似ているのです。人類は利用者で、ウルトラマンは職員で、地球を侵略する宇宙人は利用者が抱える生活上の問題で、地球防衛軍は利用者がもっている問題解決能力です。
　ウルトラマンが放映された頃の施設サービスはどのようなものだったのか詳しくは知りません。しかし、少なくとも20年ほど前まで利用者は、「園生」と呼ばれていました。○○園（施設名）の生徒といったような意味だったのでしょうか。保護や指導の対象者であり、訓練を受けていました。職員は、指導員であり指導していました。
　利用者は、多くの問題を抱え自ら問題に対処する力がない、何も出来ない、だから保護や指導といった処遇が必要と考えられたのです。施設のなかで圧倒的な力をもつ指導員によって処遇されていたのです。主役は職員なのです。何か初期のウルトラマンのようではありませんか。
　その後、施設サービスは「指導から援助へ」と変わっていきました。利用者が自ら問題解決していく手助けをするのが職員の業務だというのです。園生という呼び名から、入居者、通所施設であれば通所者と呼ばれるようになりました。そして、施設のサービスを利用する人という意味で利用者と呼ばれるようになったのです。この時点で、利用者主体、利用者の尊厳ということが言われるようになりました。しかし、この段階でもまだ職員が前面に出ていました。
　やがて、「援助から支援へ」と大きく考え方が変わりました。この時点で始めて利用者が主役になったのです。利用者が生活の主体者として問題解決や軽減を図ったり、どのような生活を送りたいかを自分自身で決めるよう側面的に支えていく、そのための選択権と自己決定を保障すること、これが職員

の役割です。最新シリーズのウルトラマンのようではありませんか。

　人間が問題解決を目指し出来ることは自分たちでやり、出来ないところを助けてもらう、しかも、ウルトラマンだけでは宇宙人を倒すことが出来ないわけです。やはりウルトラマンの力を借りながらも地球防衛軍という自分たちの力が必要なのです。

　処遇、援助、そして支援へと考え方が大きく変わっていった背景には大きく2つの要因が考えられます。ひとつは、施設利用者の人権意識の高まりです。恩恵としての福祉サービスを受ける単なる対象者から生活の主体者として福祉サービスを受ける権利性が強調されてきました。

　もうひとつは、生活の主体者としての利用者の自己成長、自己実現を達成するという視点です。いくら制度が充実したとしても、職員がすべてお膳立てをして利用者に代わって何でもやってしまうのでは何の問題解決にもなりません。それは与えられるサービスであり、本当の意味での自己成長や自己実現にはつながりません。利用者の可能性や生活意欲といった主体性を引き出し、利用者の自己選択と自己決定によって初めて自己実現をなしうるのです。

　「施設をホテル並みのサービスにしよう」という言葉を時々耳にします。お客さまを大切に、快適な生活を提供するという意味においては賛成です。しかし、ホテルや旅館のように、すべてを整えて至れり尽くせりの援助を行い利用者は何もしなくてよい、というのなら賛成しかねます。ホテルや旅館はひとときの安らぎの場であり、施設は生活の場です。生活の主体者は利用者なのです。

　重度の利用者や痴呆の利用者もその人なりの可能性なり自己実現があるはずです。それを見出すことが大切です。

◆職員は歌舞伎の黒子

　最近よく「エンパワーメント」という言葉を耳にします。エンパワーメン

第2章　利用者主体の支援1（大きな流れのなかから）

トとは、利用者が抱える問題を自ら認識し問題解決を目指して利用者を取り巻く環境に働きかけ主体的に行動したり、あるいはそのための技能を身につけることを支援する、という意味です。エンパワーメントの視点は利用者の良さ、強さ、長所をみつけ出しそれを伸ばすことにあるのです。主役は利用者です。職員は脇役でもありません。職員は利用者のパートナーです。パートナーの役割は、歌舞伎でいう「黒子（くろこ）」です。表面には出てこないけれども、役者が舞台で舞いやすいように補助するがごとく、利用者が主体的に活動するのを影ながら支える役割なのです。人形浄瑠璃のように、人間が人形を操るのとは意味が違います。

主役は職員？

　利用者が出来ないからといって、つい手を出したくなります。職員がやればやるほど利用者は依存的になるのです。正確には依存的にならざるをえないのです。こう考えると、利用者を依存的にさせているのは職員なのです。

1　支援の意味

「〇〇さんは依存的だ」と言っているあなた、その原因をあなた自身が作っていませんか。「利用者のために」から「利用者の支援」へと発想の転換が必要です。

　私が以前勤めていた施設で次のような経験をしました。毎年夏休み中に養護学校の生徒さんが体験学習として1週間ほどやってきます。学校側は施設に迷惑をかけないようにとの配慮から、先生が付き添ってきます。そして日中も先生が関わっています。ある時、先生と生徒さんとのこんなやり取りを聞きました。

　作業の時間に、生徒さんが作業をせずじっとしているのです。先生がどうしたのかと尋ねると、その生徒さんは、「先生が工具をとってくれないから作業出来ない」と答えるのです。それを聞いた先生は「ごめん、ごめん」と言って慌てて工具を渡したのです。

　作業をするのは生徒さんです。体が不自由で遠くにある工具を取ることが難しければ、「先生、工具を取って下さい」と言って取ってもらうよう頼めばよいのです。それを先生が工具を取ってくれないから作業出来ない、という理屈が通ること自体、その生徒さんの自立心を阻害していくことに繋がるのです。人にしてもらって当たり前、何も言わずとも誰かがやってくれるだろうという環境の中で育つと、依存心を助長させるだけで、自ら主張したり、解決に向け活動することなど程遠いのです。

　誤解がないように補足説明をしますと、利用者主体の支援とは、すべてのことを利用者自身にさせる、という意味ではありません。

　「支援」とは、利用者が抱える生活上の問題を自ら解決・軽減し、ニーズを充足するために、あるいは施設での生活をより豊かにその人らしく生きるために、利用者の選択権や決定権などの権利や意思を尊重しつつ、利用者主体でもって、側面的に援助することです。

　自己選択や自己決定するということは、かならず自己責任を伴います。利

43

第2章　利用者主体の支援1（大きな流れのなかから）

用者が自己責任を自覚出来る支援を忘れてはいけません。

　複数のウルトラマンの協力は、第1章で説明した多職種協働につながります。共通目標をもって協力しあわなければ良い利用者支援は出来ないのです。

　怪獣と人類の共存は、さまざまな状況にある人たちの違いを認めつつ共に生きていく社会作りを目指すというノーマライゼーションの理念と共通するではありませんか。違いを認める、ということについてもう少し掘り下げて考えてみたいと思います。価値観の多様化といわれる現代社会において、自分とは異なる価値観をもった利用者も多くいることと思います。このような利用者に自分の価値観を押しつけた関わりをしたり、逆にその利用者を避けていませんか。違いを認めあうことから支援はスタートするのです。

　こじつけかも知れませんが、子供のテレビ番組ひとつとっても世の中が依存から主体へと移りつつあるのではないでしょうか。

◆エンパワーメントの例

　ここで、利用者のエンパワーメントの例をご紹介します。私が以前勤めていた施設で、利用者の西田さんと前川さんは折り合いが悪く、ことあるたびに言い合いになっていました。職員が間に入るのですが、話はこじれるばかりです。人には合う、合わないがあるので、職員は必要以上に二人の仲を仲裁するようなことはやめました。利用者の忘年会をやっていたときのことです。西田さんが前川さんのところへお酒を注ぎに行き、「今まで色々あったけど、仲良くしようや」といったのです。すると、前川さんも手を差し出して二人は握手をしたのです。職員はみなこの光景を見て目を疑いました。その後、二人はよく声を掛け合っているのです。利用者自ら解決したのです。だから前川さんも素直に手を差し出したのでしょう。

　もうひとつご紹介したいと思います。私がある身体障害者福祉ホームを訪

れたときのことです。そこの利用者の方と色々と話をさせていただいたのですが、とても驚きました。

その方は、「自分たちの生活は自分たちで守る」を信念として、障害者福祉に関する制度を勉強し、自分たちに役立つ制度やサービスを活用しようと職員と協力の下、行政に働き掛け実際に必要なサービスを受けているのです。その方は大変熱心で、多くの方の協力を得て、自ら活動を起こしているのです。その意味で職員は、良きパートナーとして利用者を支援しているのです。全面介助の必要な方ですが、福祉ホームで生活を送っておられるのです。

今ご紹介した例は、内容は異なりますが、二つとも立派なエンパワーメントです。

◆今、ここから始めよう

いくら、支援、黒子に徹するといっても、昨日まで利用者を保護したり指導するような関係にあって急に、「今日からあなた主体に行います。あなたが決めてください」といっても無理です。かえって混乱するだけです。今の状態の利用者を受け止めて、利用者の置かれている状態からスタートします。そこから徐々に利用者主体へと切り替えていくことです。わかりやすく具体的に説明し、ちょっとした利用者の態度やしぐさに注意しながら利用者が選択出来るように支援していきましょう。

エンパワーメントという言葉を知識として持っているだけでなく、それを実践していかなければ意味がないのです。

◆集団を通しての支援

施設での生活は集団生活です。職員が一人の利用者を支援していくという職員・利用者の関係だけでは不十分です。利用者同士の関係も重要です。この利用者集団が一人ひとりの利用者に与える影響は大きなものです。他の利

第2章　利用者主体の支援1（大きな流れのなかから）

用者を見習って触発されたり、逸脱的な言動に対しても、利用者同士で注意し合うほうが効果的な場合もあります。一人ひとりすべての利用者にすべての事柄に対し個別対応することが困難な状況では、利用者同士の助け合いや利用者同士の関わり合いといったものが大きな意味をもちます。

　利用者の自治会活動はその典型的な例となります。利用者が自ら考えまとめた要求を職員に伝えたり、利用者自身の規則を作ることで集団を維持していくというまさに、集団としてのエンパワーメントだと思います。

　集団生活においては利用者同士の関わり合いを無視して利用者・職員関係だけで支援は成り立ちません。利用者集団のもつ力を支援の中に有効に活用することも視野に入れておきましょう。

◆利用者は普通の市民

　このように考えていくと、利用者を特別視してはいけないということがお分りいただけると思います。確かに、生活上の困難を抱えたり、施設サービスを必要としています。だからといって特別な目で見ることは大きな間違いです。施設職員だって、福祉サービスを提供するばかりではありません。子供を保育所に預けたり、人の助けを必要とすることもあります。人はだれでもサービスの提供者にもなり、受手ともなるのです。これと同じです。利用者も施設サービスを受けていますが、周囲の人にさまざまな影響を与えています。施設という場で生活している「普通の市民」なのです。私たちは、施設サービスを必要とする「人」を支援しているのです。この視点を絶対に忘れてはいけません。

2 利用者の権利

◆尊厳としての権利

　最近、社会福祉の分野で「人権」や「利用者の権利」という言葉をよく耳にします。本書でも「利用者の権利を守ること」、と何度も用いています。ここで施設利用者にとっての人権や権利という言葉について少し考えてみたいと思います。

　人権とは、人間が生まれながらにしてもっている権利を指します。この権利は、ただ人間であるという根拠だけに基づいており、絶対に否定されることのないものです。権利という言葉を国語辞典で引いてみると、「物事を自分の意志によってなしうる資格」とか「ある利益を主張し、それを受けることの出来る力」と載っていました（三省堂『新明解国語辞典』）。わが国では日本国憲法でさまざまな権利が保障されています。社会福祉の分野では基本的人権、生存権、幸福追求権、教育権、労働権などがあります。

　これら憲法で保障されているさまざまな権利に着目すると同時に別の角度からも権利を考えていく視点があります。人としての尊厳という根本的価値に基づくものです。全ての人間は生まれながらにして尊い存在であり、人としての尊厳が保障されています。その人に障害があるとか無いとか、何が出来るとか何が出来ないといったことも関係なく、人として存在することのみをもって尊重されるべきものである、という考えです。

　ここでは権利を、公共の福祉に反しないかぎりにという前提のもとに、次のように整理しておきます。人は一人の人として尊重され、生活の主体者としてその人らしくその人が自ら決めた生活をより豊かに生きていくことです。権利があるということは、人間が自らの意思を明確に表現出来、それを守ったり実現するための具体的な方策をもっていることです。

　日常的に権利や人権という言葉をあまり使わなくなっているにもかかわら

47

ず、社会福祉の領域、とくに施設利用者について権利が強調されています。なぜでしょうか。答えは明快です。利用者の人権が守られていないことが多いからです。利用者にとって利益を受けるどころか自らの意思を主張することさえ出来なかったのです。利益に基づく意思の主張は「わがまま」、「問題者」とみなされることもあります。

施設に設けられているさまざまな基準は、利用者にとって多くの制約があります。そこで、「施設利用者は権利が侵されている」、と短絡的に結び付けてしまうのではなく、そのことを主張出来るような環境にあるかどうか、施設側が改善の努力を怠っていないかどうかが問題なのです。

施設という一種の閉鎖社会の中では、職員は利用者の権利を守る立場にもなりうるし、逆に、利用者に対し権力的、威圧的になり、利用者の権利を最も侵しやすい立場にもなりうるのです。そのことに気づいていない職員が実に多くいます。

利用者の権利を保障することこそ施設職員のもっとも基本的な役割なのです。先程のエンパワーメントの考え方からすると、利用者自ら権利の意識をもち、自らの意思を主張出来るよう支援するのが最終目標です。これがセルフ・アドボカシーと呼ばれているものです。

しかし、実際そこに至るまでには多くの労力と時間を要します。また、セルフ・アドボカシーが困難な利用者もいます。そのような利用者には職員が利用者の意向を確認したり汲み取って利用者に代わって主張したり、代行していくことが求められます。本来認められている権利が侵されている場合や施設利用者には認められていない権利を保障していく活動もあります。具体的には、利用者が自ら意思を表明出来るよう支援したり、困難な利用者へは利用者の意思を推察したり、引き出して代弁したり、弁護したり、仲裁することです。これが、権利擁護といわれているものです。

◆体　罰

児童養護施設での体罰が問題視されています。

新聞記事に次のような内容が掲載されていました。「体罰は良くないが、やむを得ない場合もある」など、体罰を容認する職員が半数以上いるとのことです。とくに経験年数の浅い若い職員にこの傾向が強いとのことです。そして、「よっぽど気持ちに歯止めをかけておかないといけない」というある施設長の指摘です。親から虐待を受けた子供は、職員に対して挑発的な行動を取ることがあり、施設での支援の難しさに職員が直面しているというものです。専門的訓練と経験、職員配置基準の見直しに加え、職員が「体罰は絶対にダメ」という強い意識を持つことが第一だ、としています（以上、朝日新聞　2000.7.23）。

利用者が職員に挑発的な行動を取ったとき、「子供になめられないよう」するために威圧的に、場合によっては体罰をしてでも子供を管理下に置きなさい、となるそうです。しかし、体罰によって人を管理下に置こうとするのは無理があります。憎しみの感情こそ生まれますが、決して納得されるもの

問題行動もしっかり受けとめよう

第2章　利用者主体の支援1（大きな流れのなかから）

ではありません。

　体罰によって躾られた人は、体罰でもって人を押さえつけようとします。悪循環の繰り返しです。軽い体罰なら、と容認してしまうとだんだんエスカレートして歯止めがきかなくなります。それよりも利用者の問題とされる言動の意味を考え、受け止めることです。自ずと体罰は減ってくるはずです。もし、軽いものでも体罰を行っている人がいたら、もう一度支援の意味を考え、体罰を無くすよう努力してください。体罰については高齢者施設や障害者施設でも起こっています。理由はさまざまでしょうが、その問題性は同じです。ぜひ、改めてください。

　◆個　室

　利用者のプライバシーを保障するということで居室の個室化がよく話題に上ります。国の基準では4人部屋が標準となっています。児童養護施設では15人以下となっています。とてもプライバシーを守れる状況ではありません。ストレスがたまる一方ですし、そのストレスをどう処理して良いか分からず、

ひとりになりたいときもあるのです

パニックに陥ったり他傷行動・自傷行動を起こしたりします。人間は一人になりたいとき、だれにも邪魔されない時間と空間が必要なのです。

　施設を建てるとき個室化にしたり、利用者の生活空間を重視した設計をしているところも増えてきました。あるいは将来的に可能なような設計にしているところもあります。

　一方で、個室化にすると問題も生じます。てんかん発作をもつ利用者の場合発見が遅れる、孤独化に陥る、共に助け合うということが出来なくなるといったことです。職員の負担は倍増します。それまで、集団として利用者と関わることが出来ていたのが、一人ひとりの部屋に出向いていかなければなりません。

　これらの問題に対処するために施設の中をいくつかの棟に分け、デイルームを設け利用者同士の交流の場を設けたり、興味をそそるプログラムを用意しているところもあります。職員の労働問題については、パート職員等を増やし必要な時間帯に多くのスタッフを配置しているところもあります。ボランティアを有効に活用しているところもあります。いずれも莫大な資金と労力が必要となってきます。今のわが国の基準では利用者の生活をより豊かにしていけばいくほど施設や職員に負担がかかってきます。どこで均衡を保つかです。各施設で十分な話し合いがなされるべきでしょう。

◆利用者の権利を考える

　第1章でも述べたように、皆さんの日々の実践が利用者の権利を侵していないかどうか再度考え直す必要があります。

　虐待は体罰、食事を与えない、性的嫌がらせといったものだけでなく、暴言を浴びせる、無視する、放任するといったことも含まれます。虐待がなくなればそれで良いか、ということでもありません。マイナス面をなくすということだけでなく、利用者のより豊かな生活を保障するといったプラス面を

第2章　利用者主体の支援1（大きな流れのなかから）

もっと充実させることが大切です。

　久田則夫氏は、長期入居型高齢者施設をサンプルとして、8つの権利に基づくサービス指針を提示しています。地域社会で生活する権利、個別ケアを受ける権利、質の高いサービスを受ける権利、自己決定・自己選択する権利、分りやすい情報提供を受ける権利、意見・質問・苦情を表明する権利、プライバシーの保護に関する権利、自己尊重の念と尊厳を維持する権利、以上です。

　また、神奈川県社会福祉協議会人権機能のありかた検討会の報告書では、擁護すべき権利として、以下の7つをあげています。自分の権利を知る、自らの意見を表明する、あらゆる生活場面において自らの意思によって選択し決定する、生活を選択するための情報を得る、プライバシーを守る、体罰・虐待からの自由、自己の所有物を自ら管理し使用する、以上です。これらの権利が保障されたからといって、利用者の全ての権利が保障されたということではないでしょうが、利用者支援において多いに参考になると思います。

　利用者の権利を保障する取り組みとして、施設（あるいは法人）全体として実施すべきことと一人ひとりの利用者の個別ニーズに応えていくという両側面からのアプローチが必要です。個室化等の居住環境の整備、建物を小舎制にする、食事メニューを増やしたり時間帯を柔軟にする、入浴の回数や時間帯の弾力化、外出や外泊の自由化、1日のプログラムの流れやレパートリーの増大、余暇活動の充実化などは施設全体として取り組むべき課題です。

　個別ニーズへの対応としては、一人ひとりの利用者の声を大切にしつつ、個別に権利が保障されているかどうかを検討することです。どの服を着たいか、どのように1日を過ごしたいかなど利用者一人ひとり、価値観、生活習慣によって異なっています。最も大切なことは、十把一からげにするのではなく、個別に利用者の権利を考えていくべきでしょう。このとき、職員が気をつけるべき点をまとめておきます。

①利用者の利益につながっているか
②利用者のニーズに沿っているか（利用者の意思が引き出せているか）
③利用者の意向が優先しているか（職員の意向が優先していないか）
④利用者の言動に耳を傾けて受けとめているか
⑤利用者が参画しているか
⑥選択や自己決定のための情報を正確に伝えているか
⑦権利擁護のための意識を常にもち絶え間なき努力を行っているか
⑧利用者の秘密を守っているか
⑨以上のことを踏まえた実践を実施しているか

◆利用者の自己決定と放任

　ここで私の失敗例をご紹介します。1995年1月17日に起きた阪神大震災は、施設利用者にとっても大きな出来事となりました。私の勤務していた施設は通所施設だったので、利用者の多くは家、家財道具を失ってしまいました。心身共に疲れ切った状況の中での生活が続きました。義援金、仮設住宅などややこしい手続きや書類の提出がいくつもあり、職員が利用者と一緒に手続きを行いました。

　あるとき、利用者についてふと気づいたことがあるのです。以前なら当然出来ていたことが出来なくなっているのです。確かにややこしい手続きや書類の提出は利用者一人では困難なこともあるのですが、このようなことが続くと、すべてのことを職員に依頼してくるのです。職員に依存的になりすぎることはいけないと思い、利用者に出来ることは自分でするようにと伝えたのです。

　悲劇が始まったのです。恒久住宅選びをしているとき利用者である島本さん（下肢障害）がだれにも相談せず、担当職員の住居近くの公営住宅を申し込んだのです。理由は、担当職員と家が近いと何かと助けてもらえるだろうと

いう判断でした。ところがその公営住宅というのが本来なら取り壊す予定であった古い住宅でしかも、数十段の階段を昇降しなければならないところにあり、足の不自由な島本さんにとって大変不便なところでした。申し込みをした後に島本さんが職員に伝えたため、後の祭りです。運悪く、当選してしまい、変更の申し立てをしてもどうにもならず、島本さんも当選した嬉しさが先になってしまい、そこでの生活をはじめてしまったのです。

　利用者の意思を尊重する、危険を冒す権利が利用者にもある、といってしまえばそれまでですが、職員一同反省しました。住居という生活の根幹に関わる大切な選択を誤ってしまったのです。島本さんの利益につながっていませんし、安心して生活するというニーズを満たしていません。住宅選びの際、自己決定に必要な情報をまったく提供出来ていなかったのです。

　私たちが行ってきたのは、利用者の主体性を尊重するという美辞麗句にごまかされた単なる放任だったのです。このことから、利用者の話に耳を傾け相談しながら物事を進めていくということがいかに大切なことであるかを痛感しました。

3　サービス関係

◆ファーストフード＆スーパーマーケットvs自動車教習所

　施設が提供する利用者へのサービス形態について整理したいと思います。ファーストフード店、スーパーマーケット、自動車教習所という3種類の業種を例にとりながら説明したいと思います。いずれも、各事業所独自のサービスを提供し、その対価として現金収入があります。サービスを必要とする人はお客さまです。ところが前二者と後者とは少しサービス提供の形態が違うように思います。

たとえば、皆さんがファーストフード店やスーパーマーケットで、ある品物を買ったとしましょう。その品物が腐っていたらどうしますか。苦情を言いにいくことでしょう。たとえ、皆さんがその品物を買ったあと炎天下にさらしたことが原因だとしても、苦情を言いにいけば店員はひたすら詫びるでしょう。

　そこで店員が横柄な態度をとろうものなら、「保健所に訴えてやる！」と言えば、お店にとって致命傷となります。また、その店が気に入らなければ他の店で買物すれば良いのです。サービスの悪い店はつぶれていくのです。

　ところが教習所の場合は少し違うように思います。我々はお金を払って運転知識や技術を教えてもらっているのです。その意味ではお客さまなのですが、教習所の教官はお客である我々に非常に偉そうなものの言い方をしたり、横柄な態度をさも当たり前のようにとります。少しでも運転の方法がまずいと怒鳴ります。お客さまである我々が思わず、「すみません」と謝ってしまうのです。

　教官は言います。「重大事故につながれば大変なことになる。だから厳しく注意するのです」と。それならば、若くて教官好みの女性にやさしく接するのは納得が行きません。それはともかく、主客転倒の関係があるのではないでしょうか。なぜでしょうか。免許証を取得するために、決められた教習を受け、合格の判子をもらわなければ次の段階へ進めません。合否の判定権は、教官が握っているのです。その意味ではお客さまである我々の方が弱い立場にあるのです。

　しかも、気に入らないからといって別の教習所に移ろうとすれば、ややこしい書類手続きが必要で、一旦収めた入学金は戻ってこないため、入学金を2回支払わなければなりません。気軽に他の教習所を利用するというわけにはいかないのです。卒業するまでひたすら耐えるしかないのです。

第2章　利用者主体の支援1（大きな流れのなかから）

◆利用者は立場が弱い

　教習所の教官とお客さまである受講生の関係は、施設における職員と利用者の関係と似ているのではないでしょうか。施設はお客さまである利用者に対し、介護、生活支援など生活の根幹に関わるサービスを提供しています。「利用者はお客さまだ」とよく言います。しかし実際には、「介護をしてやっている、介護をしてもらっている」という関係があるのです。利用者は介護を受けて「すみません」といっているのです。まして利用者は苦情を言えません。うかつに苦情を言うと、手荒い介護を受け返り討ちにあっても、「あらごめんなさい」で済まされてしまいます。

　ある利用者の家族の方が、「施設は『何でもおっしゃってください』といわれますが人質をとられている身では何も言えません」とおっしゃっていました。苦情解決の仕組みが出来たとはいえ、苦情や要求は言いにくいものです。

　気に入らないからといって簡単に他の施設に移れるほど施設が充実していません。だから表面的には、「大変良くしてもらっています」という評価しか出てこないのです。これは決して利用者や家族の本音ではありません。自己満足に陥らないよう注意してください。その意味で利用者が苦情を言える施設は、利用者・施設とも立派だといえます。従順で文句を言わない利用者は「良い利用者」で、苦情や要求を訴える利用者を「悪い利用者」と錯覚していませんか。苦情や要求こそ良いサービスのヒントなのです。

　しかも、教習所と施設とは決定的な違いがあります。教習所は免許証をもらうという目的がはっきりしていることと2～3ヵ月我慢すればそれで良いのです。あとは教官の陰口を散々たたけます。しかし、施設の利用者は何年もそのような状況にさらされているのです。この違いは大きいと思います。

◆マニュアルからの脱皮

　これからの施設サービスは、お客さまという視点、苦情という点、選べる

という点からするとファーストフードやスーパーマーケットのような関係にしていかなければ本当の対等な関係にはなりえません。最近では、店員のマナーもよく教育されています。事務的な対応でなく、お辞儀をし、笑顔で対応し、お客さまの顔をみてしゃべり、最後に「またお越しください」と声を掛けるようになっています。また、「スマイル0円」なんて書いてあるお店もあるくらいです。このような店なら、また行こうかという気になります。

ただ、ファーストフードやスーパーマーケット方式は、ある側面では良いのですが、ベストではありません。なぜかというと、これらは、お客さまとは商品の売買というその瞬間しか関わらないからです。接客のマニュアルがあり、その通り遂行しておれば仕事は出来るのです。施設で利用者と接しているとき、マニュアルが活かせる業務ばかりではありません。むしろマニュアルにないことの方が多いのではないでしょうか。

利用者の権利を守り、常に理念と実践を往復させることが大切だと何度も述べてきました。しかし、具体的な場面でどう対処するかは、その場面に遭遇した職員の自由裁量によるところが多いのです。その場その場に応じた判断と行動が必要になってきます。

こう考えていくと、ファーストフードやスーパーマーケット方式でもまだ不十分であることが分ります。だれにでも出来る接客サービスとは違うのです。ここに施設におけるサービス提供の難しさがあるのだと思います。とっさの時、誤った判断をしないよう、普段から利用者の権利を保障する利用者主体の支援のあり方を考え実践することが何よりもの積み重ねとなるのです。

◆施設はサービス業？

「福祉はサービス業」という言葉を耳にするようなりました。本書でも「福祉サービス」という言葉を用いています。ここで、サービス業と福祉サービスを整理しておきたいと思います。

第２章　利用者主体の支援1（大きな流れのなかから）

　皆さんが洋服店に行って洋服を選んでいると仮定してください。迷いながらも自分で気に入った服を何点か絞り込んでいきます。店員に助言を求めたとします。おそらく店員は客が選んだ服ということで「どれもお似合いですよ」と答えるでしょう。「こちらの服は明るく見える。こちらは落ち着いて見えます。最終的にはお客さまの好みです」などなど決して似合わないとは言いません。そうなのです。最終的にはお客が決定し買い求めるのです。その服がそのお客にとって不釣合いであったとしても、店員はお客が満足して品物さえ売れればそれで良いのです。しかし、福祉サービスとなると本質的に意味が違ってくると思います。たとえ利用者が欲しているものがあったとしても、明らかに利用者にとって不利益になることやマイナスになることについてはとことん利用者と話し合うことが求められます。「利用者が選んだことだから…」では済まされないこともあるのです。施設の提供するサービスメニューを消費してくれるお客さまという無責任な関係ではいけないのです。施設の提供するサービスメニューというのは、利用者の利益につながり生活をより豊かにしていくためのものです。利用者利益につながるサービスを提供することに福祉サービスの意味があるのです。福祉サービスは利用者の生活に大きく関わっているということを決して忘れないでください。

　施設におけるサービス提供とは、利用者に対して謙虚になり、かつ、利用者主体の支援という立場をわきまえ、利用者の支援をどう捉えるかを見極め、具体的な場面では機敏な判断と行動が求められるのです。

4　利用者支援の流れ

◆森と枝葉の二刀流

　本章の前半部分では、支援の意味、利用者の権利、サービス関係といった

利用者支援の基本的スタンスについて述べました。後半では、利用者支援の大きな流れについて見ていきます。

　利用者支援を行う場合に、忘れてならないことは、「森を見つつ枝葉を見る」ということです。これは、ひとつには一人の利用者を包括的に捉えていくということ、施設全体を見渡すということであり、もうひとつは日々の実践を見ていくということです。前者が森であり、後者が枝葉といえます。目の前のことに追われていると、そのことに対処するのが精一杯で利用者支援全体を見失いがちです。本末転倒になっていることだってあります。

　ある知的障害者の施設で、こんなことがありました。利用者のニーズは就労です。就労に向けて日々施設で訓練に励んでいたのです。その施設では、知的障害者の過去の就労先や勤務状況を分析し、知的障害者にとって必要な訓練プログラムを作成し、実施していたのです。訓練プログラムをマスターすればある程度の就労目処が立つというのです。

　その内容は、職能開発、体力作り、あいさつ、服装、規律などなど多様です。毎朝、全員体力作りのためジョギングをするのです。ところが、ある利

枝葉ばかり見ていると物事の本質が見えてこない

第2章　利用者主体の支援1（大きな流れのなかから）

用者はジョギングを極度に嫌がっているのです。職員は、なんとかジョギングをしてもらおうと（させようと）、色々な関わりをします。しかし、一向に状況は進展しないのです。そこでその利用者は、体力作りを拒否する、職員の指示に従わない、問題だ、とされてしまったのです。

　この利用者支援の目標はなにでしょうか。ジョギングなのでしょうか。違うはずです。知的障害をもつ人の就労には体力が必要だから、ジョギングを行っているだけなのです。ジョギングは就労のための過程です。それがいつのまにかジョギングすることが目的となってしまっているのです。なぜ、その利用者はジョギングをそれほどまで嫌がるのでしょうか。考えてみる必要があります。なにか理由があるのかも知れません。体力作りが必要なら、ジョギング以外何かよい方法はないのでしょうか。また、現在の体力でも出来る仕事はないか考えてみる必要もあります。知的障害をもつ人だからということで一律体力作りが必要と決めつけてしまうことこそ問題です。一人ひとりの状況にあわせた支援計画が必要なのです。

　ジョギングという日々の枝葉だけ見ていると就労という大きな森が見えてこないのです。日々の実践が、大きな目標に沿ったものか常に振り返ることを忘れてはいけません。しかし、森だけ見ていても駄目です。一向に状況は進展しません。雇用状況や利用者の状況といった現実を見つめつつ、就労にどう結び付けていくかを考え実践することです。

　このような例は、至る所で見られるのではないでしょうか。より豊かな生活を送るということで、行事を増やしたり、入浴の回数を増やした取り組みはすばらしいと思います。ところが職員の負担は増えます。行事をすることや入浴すること自体が目的になっていませんか。挙げ句の果てに利用者は積極的でないとなれば、だれのための何のための行事や入浴なのか分りません。利用者のより豊かな暮らしを目指して計画されたはずの行事が、いつのまにか行事を行うことが目的に変わってしまうのです。何か義務的になり、利用

者からの評判も良くないとなれば、労多くして益なしです。もう一度行事の意味や目的を考え直してみる必要があります。

本章では、森に相当する大きな流れを見ていきます。第3章では、主に枝葉に相当する日々の実践について見ていきます。

◆支援の概要

利用者支援を行うのは、ただやみくもに行えば良いというものではありません。専門的な社会福祉援助の枠組みが大いに参考になります。利用者支援の流れ（過程）を簡単に紹介します。

第1ステップ：利用者が施設利用するにはそれなりの理由があります。生活上の多くの困難を抱えた利用者の施設利用に至るまでの経過と利用者の意向を確認します。利用者に関する情報も集めていきます。そして施設が利用者や家族のニーズに応じたサービスの提供が可能かどうか検討します。ニーズとサービスが合致すれば施設利用となるわけです。このとき、「契約」が利用者と施設の間で書面にて交わされるのです。「私たちの施設ではこういうサービスを提供しますよ」ということをはっきり提示しなければならないのです。そのためには運営方針をしっかりともっていなければなりません。施設の責務や義務が明確にされてきます。

第2ステップ：利用が開始されると、利用者の理解を深めると共に利用者の生活上の問題やニーズをさらに明確にしていきます。利用が開始されてから日々利用者と関わることによって分かってくることも多くあります。問題整理のための的確な利用者に関連する情報収集と社会資源の整理を行います。これをアセスメントといいます。

第2章　利用者主体の支援1（大きな流れのなかから）

第3ステップ：利用者のニーズを充足すべくどのような支援を展開すべきかを検討します。アセスメントをもとに、ニーズが充足された状態である目標と目標達成に向けた支援の具体的な方法とも言える計画を作成します。

第4ステップ：作成された計画に基づき、利用者支援を実践します。利用者に直接働き掛ける支援と利用者を取り巻くさまざまな環境に働き掛ける間接的な支援があります。

第5ステップ：一定期間が経過したのち、計画どおりに支援が実践されているのか、どの程度目標が達成されたか、その要因は何か、前回立てた計画は良かったのか、など支援のあり方についての評価を行います。

第6ステップ：評価をもとに、利用者のニーズの再確認や新たな支援目標や計画を練りなおしていきます。このように利用者支援は、螺旋階段を上るがごとく目標を目指して進んでいくのです。

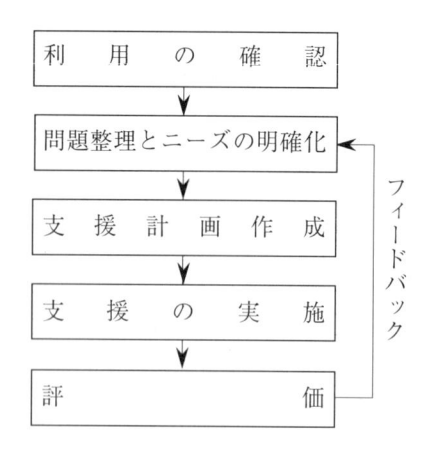

```
   ┌─────────────┐
   │  利用の確認  │
   └──────┬──────┘
          ↓
   ┌─────────────────┐
   │ 問題整理とニーズの明確化 │←──┐
   └──────┬──────────┘   │
          ↓              フ
   ┌─────────────┐       ィ
   │  支援計画作成 │       ー
   └──────┬──────┘       ド
          ↓              バ
   ┌─────────────┐       ッ
   │  支援の実施  │       ク
   └──────┬──────┘       │
          ↓              │
   ┌─────────────┐       │
   │    評　価    │───────┘
   └─────────────┘
```

利用者支援の過程

4　利用者支援の流れ

◆施設利用の理由を知る

　施設での支援の開始は、利用者と施設が初めて出会うときです。利用者は、なんらかの理由があって施設を利用するようになるのです。その理由をしっかり把握することが大切です。表面的に言語化されたり文章化されたことだけを鵜呑みにしてはいけません。その裏に隠された真実を掴むことが肝要です。

　ひとつの例をご紹介しましょう。山下さんは、20歳代男性で軽度の身体障害者です。就労前訓練として授産施設利用を希望し、入所しました。ところがしばらく経つと、色々なことが分かってきました。山下さんは幼い頃父親を亡くし、母親と二人暮らしだったのです。それなりに幸せだったのですが、ある時母親が再婚し、継父と三人暮らしとなりました。山下さんは継父と折り合いが悪くことあるごとにぶつかっていました。山下さんは継父から逃れるためには自立して家を出ることだと思い立ち、そのために経済的自立をしようと就労を希望するようになったのです。

　これを見ると同じ就労前訓練であっても支援のあり方が大きく変わってくることがお分りだと思います。山下さんへの心のケアや家族関係の調整など多様な支援計画が必要となってきます。これはある程度月日が経たないと分からないことかも知れません。職員との関係が築かれて初めて家庭の事情を話しだすのです。

　山下さんのように自らの意思で施設利用をする人ばかりではありません。むしろ利用者本人の意思とは関係ないところで施設利用の話が進んでいることの方が多いのではないでしょうか。利用者の本当のニーズは意外なところにあります。職員は早合点してはいけません。

◆施設利用の意味を知る

　特別養護老人ホームの利用者の多くは、家に帰りたいと思っているのではないでしょうか。なかには自分が老人ホームにいるということさえ認識出来

第2章　利用者主体の支援1（大きな流れのなかから）

ていない人もいると聞きます。「家に帰りたい」と訴えている利用者も多いことでしょう。利用者のニーズを充足するという視点に立てば、利用者が家に帰れるように支援することが本来の目的となるはずです。

しかし、実際は同居していた家族が在宅でケア出来ない、一人暮らしだったがこれ以上地域で生活出来なくなった、という理由で施設利用している利用者が圧倒的に多いようです。本来、本人の意向を最も重視すべきなのですが、家族や近隣住民の意向が大きく反映されています。

家族から見放されたと思っている利用者は、孤独感や孤立感を抱いていることでしょう。人にかまってもらえない、人から相手にされないことほど辛いことはないのです。少しでも人と人とのふれ合い、心のふれ合いを求めているのかもしれません。私たちはこのことをしっかり認識しなければなりません。

したがって施設では、利用者が施設のなかでいかに快適に過ごせるかに支援の焦点が当てられています。そうせざるをえない現実があるのです。入所の時点で利用者のニーズに反した支援を行おうとしているのです。何よりもこの現実を認識しておかなければなりません。この痛みを少しでも利用者と共有することが支援のスタートなのです。

児童養護施設や障害児者の施設においても同じような問題があります。「施設を利用せざるをえない」現実を噛み締め少しでも利用者の真のニーズに向けた支援の取り組みが求められています。

私はある入所型知的障害者施設を運営するふたつの法人の取り組みを知り、たいへん感激しました。私はさっそく見学にいきました。一つ目はコロニーとして建てられたにもかかわらず、利用者が町で生活出来るようにと、利用者の就職活動を徹底的に行い、多くのグループホームや生活ホームを作りました。二つ目の施設は利用者の多くが「家に帰りたい」、「働きたい」というニーズをもっているのです。そこの法人のモットーは、「利用者自身がど

う思っているかを大切にする」、ということだそうです。そこで、グループホームや生活ホームをたくさん作り、家族の近くで生活出来るようなコミュニティケアを実践しているのです。さらに職業センターまで作ったのです。

　ふたつの法人に共通して言えることは、長期収容型ではなく、短期通過型なのです。利用者の就労を実現し、アフタケアをしっかり行っているのです。さらには、地域の障害をもつ人たちの地域生活を目指した取り組みをしていることです。利用者の痛みを共有し、少しでもニーズに応えていこうとした取り組みです。

◆ケース会議の意味

　皆さんの施設では、利用者支援の会議がどの程度、どのような形で行われているでしょうか。ケース会議、ケア会議、パーソナルサービス会議などさまざまな名称がなされています（以下、ケース会議という）。

　定期的に行われているか不定期か、参加メンバーはどうなっているか、内容はどのようなものか、考えてみてください。

　ある知的障害者施設では毎週定期的に行っています。1回につき2名で、50名定員ですから半年間で全員のケース会議を実施していることになります。そして半年後にその利用者についてのケース会議が開催されることになっています。つまり、半年毎に評価と新たな支援計画作成がなされているのです。

　その一方で、定期的なケース会議は開催していないところもあるようです。何か問題が発生したときに対処するという形の、いわゆる問題解決会議をケース会議と称しているようです。

　一人ひとりの利用者がどのような問題を抱え、どのようなニーズをもっているか、そのことに対し施設はどのような取り組みを行うのか明確にされているでしょうか。問題が起こったときに慌てて対処するのでは遅いのです。そのような守りの支援ではなく、責めの姿勢が必要なのです。普段から一人

第2章　利用者主体の支援1（大きな流れのなかから）

ひとりの利用者の問題やニーズを把握し、支援のあり方を考えて実施することを怠ってはいけません。そしてその支援の実施がどうだったのかという評価も大切です。冷静な評価がなされて新たな支援の計画が作成出来るのです。

　もちろん突発的な出来事や状況の変化は十分予想されることです。このようなときは臨時のケース会議を開催することだってありうるわけです。次回の定例ケース会議まで待とう、なんて悠長なことは言っておられません。

　ケース会議は、利用者の抱える生活上の問題やニーズを把握し、利用者自身のもつ能力を最大限尊重しつつ、支援の計画を立てる場であるといえます。そして、各職員や関係者のもつ情報を交換し、共有化し、意思統一を図る場でもあります。各職員がバラバラに対応したのでは利用者は混乱してしまいます。このように見ていくとケース会議は、利用者の抱える問題を整理し、施設や関係機関がどのような支援を提供出来るのかを考える場であると言えます。また、若い職員にとっては、利用者支援のあり方を学ぶ機会であったり、スーパービジョンの場でもあります。

◆ケース会議の参加者と上司の役割

　次に参加者です。私が以前勤めていた施設では施設長、事務職員も参加していました。そして、極力福祉事務所のケースワーカーにも参加を呼び掛けていました。身体障害者担当と生活保護を受給している利用者については生活保護担当のケースワーカーにも参加を促していました。ほぼ100％の参加率でした。また、ケース会議の場で医療的な情報が必要となれば、掛り付けの医師に情報提供を求めることも再三ありました。

　大きな施設になると、全職員が参加することは理想であっても現実的ではありません。そこで、各セクションの代表者が集まったり、数人の担当者が集まって開催しているところも多いようです。ここで大切なことは、会議を

開催する前に関係職員の意見を十分聞き取り、会議にその意見を出すということと、会議で決定されたことを各職員に周知徹底するということです。

　よくあるのが、「私は知らない」、「私は聞いていない」という発言です。これは、暗に自己の責任を回避した発言なのですが、裏を返せば、「聞いていないことを承知出来ない」、「勝手に決めたことには従えない」といった敵対感情を生みかねません。せっかくすばらしい支援計画が出来ても、他の職員の協力がなければ良い支援は実施出来ません。とくに対外的な交渉や連携が必要な場合が生じたり、担当者レベルで判断出来ないこともあります。なかには、管理職の了解が必要であったり、管理職が担当しなければならないこともあります。また、他の職員への周知徹底という意味からも管理職の名前で支援計画を公表すべきです。そうなると、責任と権限のある管理職は会議に参加することが望ましいといえます。

　管理職の知らないところで利用者支援の計画が決まるのは、あまりにも無責任です。会議で決定されても、管理職が「ノー」と言えば、会議をもう一度やり直さなければなりません。職員が発言しやすくするために席を外したというのなら、「任せている」以上、意に沿わない計画が出てきても必ず承認すべきです。後で訂正するようなことになれば、それこそ信頼関係が崩れます。

　これとは逆に、まったく利用者の状況や支援計画を理解していない管理職（とくに施設長）もいます。「良きにはからえ」といった感じの放任状態でこれもまた問題です。

　それよりも、会議に参加して、各職員がその利用者のことをどのように理解しているのか、どう受けとめているのかを見守るべきです。発言しやすい雰囲気づくりこそ管理職に求められているのです。

　また、厨房や事務職員の参加をどうするかという問題があります。第1章で述べた施設内における多職種協働という視点からすると、出来るだけ参加するほうが望ましいでしょう。

第2章　利用者主体の支援1（大きな流れのなかから）

　私が以前勤めていた施設では、事務職員も参加していました。利用者への日常的な関わり方、利用者や家族から電話が入ったときの対応、担当職員への報告など連携プレーが出来ていました。これは事務職員がケース会議に参加し、利用者支援の方針を知っていたから出来ることなのです。

　さらに、利用者や家族の参加の問題があります。近年、当事者である利用者が自らのニーズを主張するためにケース会議に参加すべきという考えが主流を占めているように思います。しかし、現実にはどうでしょうか。ほとんどが参加していないのではないでしょうか。その理由はいくつかあると思います。施設側の問題としては、利用者が同席していては、話しずらいこともあるというのです。利用者自身も気づいていない病気のこと、利用者の性格に関すること、対職員との関係などがあげられます。一方、利用者としては、大勢の人に囲まれて自分の意見を言いにくい、知的障害や痴呆症の利用者は自らの主張がしにくいといったことがあげられます。

　以前私の勤めていた施設では、担当職員が利用者にケース会議の存在を告げ、利用者の意向を事前に聞き取り、会議で代弁していました。そして、会議の結果も伝えていました。このような間接的な参加が限界でした。

　その中でひとつの成功例をご紹介しましょう。ある入院中の利用者の退院後の生活について、医師、看護師、作業療法士、医療ソーシャルワーカー、施設職員、利用者本人、家族で本人の退院後の生活についての会議が何度か開催されたことがあります。会議の席で、利用者本人が在宅生活を強く主張したのです。極力本人の意向を尊重しました。医療スタッフも施設に見学にきて、施設の状況を理解してくれました。医療スタッフが音頭を取って連携が図られたのです。結果的に、自宅での環境が整うまで退院の時期を少し延ばし、在宅生活が可能となったのです。このように施設外の専門職や当事者を交えた多職種協働のケース会議もあるのです。

◆利用者理解を深めるために

　皆さんが担当されている利用者のなかで特に支援のあり方で悩んでおられる方お一人を選んでください。その人について「○○さんは、＿＿＿＿。」、と20項目を挙げて文章を埋めてください[注]。

　　1　○○さんは、＿＿＿＿＿＿＿＿＿＿＿＿＿＿＿＿＿＿＿＿＿。
　　2　○○さんは、＿＿＿＿＿＿＿＿＿＿＿＿＿＿＿＿＿＿＿＿＿。
　　3　○○さんは、＿＿＿＿＿＿＿＿＿＿＿＿＿＿＿＿＿＿＿＿＿。
　　4　○○さんは、＿＿＿＿＿＿＿＿＿＿＿＿＿＿＿＿＿＿＿＿＿。
　　5　○○さんは、＿＿＿＿＿＿＿＿＿＿＿＿＿＿＿＿＿＿＿＿＿。
　　6　○○さんは、＿＿＿＿＿＿＿＿＿＿＿＿＿＿＿＿＿＿＿＿＿。
　　7　○○さんは、＿＿＿＿＿＿＿＿＿＿＿＿＿＿＿＿＿＿＿＿＿。
　　8　○○さんは、＿＿＿＿＿＿＿＿＿＿＿＿＿＿＿＿＿＿＿＿＿。
　　9　○○さんは、＿＿＿＿＿＿＿＿＿＿＿＿＿＿＿＿＿＿＿＿＿。
　10　○○さんは、＿＿＿＿＿＿＿＿＿＿＿＿＿＿＿＿＿＿＿＿＿。
　11　○○さんは、＿＿＿＿＿＿＿＿＿＿＿＿＿＿＿＿＿＿＿＿＿。
　12　○○さんは、＿＿＿＿＿＿＿＿＿＿＿＿＿＿＿＿＿＿＿＿＿。
　13　○○さんは、＿＿＿＿＿＿＿＿＿＿＿＿＿＿＿＿＿＿＿＿＿。
　14　○○さんは、＿＿＿＿＿＿＿＿＿＿＿＿＿＿＿＿＿＿＿＿＿。
　15　○○さんは、＿＿＿＿＿＿＿＿＿＿＿＿＿＿＿＿＿＿＿＿＿。
　16　○○さんは、＿＿＿＿＿＿＿＿＿＿＿＿＿＿＿＿＿＿＿＿＿。
　17　○○さんは、＿＿＿＿＿＿＿＿＿＿＿＿＿＿＿＿＿＿＿＿＿。
　18　○○さんは、＿＿＿＿＿＿＿＿＿＿＿＿＿＿＿＿＿＿＿＿＿。
　19　○○さんは、＿＿＿＿＿＿＿＿＿＿＿＿＿＿＿＿＿＿＿＿＿。
　20　○○さんは、＿＿＿＿＿＿＿＿＿＿＿＿＿＿＿＿＿＿＿＿＿。

　（注）これは、もともと自己理解を深めるためのテストです。これを利用者理解を深めるために応用したものです。
　出典は、川瀬正裕・松本真理子編：『新自分さがしの心理学―自己理解ワークブック』ナカニシヤ出版　1997

第2章　利用者主体の支援1（大きな流れのなかから）

　皆さんの選んだ利用者について20項目埋まりましたか。
　次に、20項目のうち、利用者の長所や良い点の項目数、短所や利用者自身の問題点の項目数、客観的事実の項目数をそれぞれ数えてください。

長　所 良　い　点	短　所 問　題　点	客　観　的 事　　実

　いかがだったでしょう。改めて見直してみると皆さんがその利用者をどう見ているかが分かるのではないでしょうか。
　ひょっとしたら、利用者の短所や利用者自身の問題点の項目が多かった方がおられるかも知れません。
　先ほどエンパワーメントという言葉について説明を行いました。利用者理解を深めていくうえで大切なことは、利用者のもてる能力や魅力をどれだけ引きだせるかです。そのためには、利用者のマイナス面ばかり着目するのでなく、むしろ利用者の特長（長所）や良さ、すばらしさ、才能、可能性を見いだしていくことです。
　ここで先ほど挙げた利用者について、長所や良さといったプラスの面だけを見つけだし列挙してください。

　　　○○さんは、_____。
　　　_____。
　　　_____。
　　　_____。
　　　_____。

利用者の短所を気にするより長所を伸ばそう

　いくつ挙げられましたか。先程より増えたでしょうか。短所や欠点から目を背けるということではありません。利用者自身の短所や欠点を改めることも必要ですが、長所や強さを伸ばしていくほうが効果的です。

◆問題の理解
　私はこれまで利用者の生活上の問題やニーズを把握することの必要性を何度も言いました。ここで、少し「問題」や「ニーズ」の意味を整理したいと思います。
　「問題」とは、利用者が施設内外に関わらず円滑な生活を営むうえで支障となるものです。利用者側に問題がありそれを克服しなければならない、ということだけを意味するものではありません。利用者の生活上、利用者を取り巻くさまざまな環境との間に何か摩擦が生じた状態をいいます。利用者を取り巻くさまざまな環境に何か問題がないのかを理解することこそ本来の「生活上の問題」を把握することなのです。
　最も簡単な例をご紹介しましょう。足の不自由な利用者が地域で生活しようとしたとき、段差の多いところでは不可能です。これを利用者の足が悪い

ということに問題を見いだす人はいないでしょう。段差という環境に問題があるのです。そのような視点を何事にももってほしいと思います。

とかく私たちは、利用者の言動、性格に問題点を見いだし、それを改善しなければならない、と考えていることが多いのではないでしょうか。しかし、表面上の問題にのみ目を奪われてはいけません。なぜ、利用者がそのような問題となる言動をとるのか、問題行動の起きる状況や起こったとき周囲はどう反応しているかを細く分析することを怠ってはいけません。

意外と周囲の環境側に問題があることも多いのではないでしょうか。利用者がそのような問題行動を起こさざるをえない状況を職員側が作っているのかも知れません。利用者のニーズに応えていないというストレス感、もっとかまって欲しいという表現などさまざまなことが考えられます。そう考えると、利用者の問題と思われる言動に影響を及ぼす環境に働き掛けることが問題解決につながる、と考えたほうがよさそうです。

◆ニーズと要望の違い

「ニーズ」は、直訳すると「必要」となります。その利用者が生活するうえでなくてはならない必要不可欠なものをさします。

ある授産施設の利用者山本さん（男性、23歳）は施設（入所型）を退所して就労しながら地域で自立生活を送りたいというニーズをもっています。施設では山本さんのニーズの充足にむけ職業訓練、対人関係技法、社会生活訓練などさまざまな取り組みが行われています。山本さんもこれらの訓練を「頑張る」と言っています。

ところが山本さんは、ある特定の作業に固執し他の作業に従事しようとしなかったり、朝起きれなく、朝食や作業時間に遅れがちです。作業中もぼんやりしていることが多いのです。理想は高いのですが、日々の生活がともなっていません。職員が色々と声掛けをするのですが、一向に改善の兆しがあ

りません。嫌気をさした山本さんは、職員に「この作業をやりたいのは僕のニーズだ。朝ゆっくり寝ていたのも僕のニーズだ。利用者のニーズに応えるのが職員の仕事ではないのか」と言いました。

　山本さんのニーズは特定の作業に従事することや朝ゆっくり寝ることでしょうか。違うはずです。本当のニーズは、施設を退所して地域で自立生活を営むことです。そうすると、特定の作業に従事することや朝ゆっくり寝ていたいということは、どう理解すればよいのでしょう。これは日々の生活における山本さんの「要望」なのです。

　自分の気に入った仕事しかしない、生活リズムも乱れがちのまま、自立生活出来れば問題ないのかも知れません。しかし、それだと相当限定されることになりかねません。この日々のニーズと相反する要望をニーズと取り違えたり、利用者主体と解釈してはいけません。ただ、ここで注意しておかなければならないのは、山本さんが他の作業に入るのを拒む理由（たとえば、他の利用者からいじめられる）、朝起きれない理由（たとえば、体調が悪い）を十分理解して支援を進めるべきです。

　山本さんのように地域での自立生活という目標がはっきりしている以上、その目標に向けた支援を実践することがニーズに応える支援のあり方なのです。山本さんは漠然と自分がしなければならないことは認識しているのでしょう。だから「頑張る」と言っているのです。しかし、日々の生活が将来の生活とどう関わっているのか、日々の訓練を通した生活が将来へと結びついているという実感が得られないため、ついついその日その日安易な方へと流されているのです。何をどう頑張ったらよいか分からないのです。それをいくら説得しても意味がありません。

　ここで利用者主体の支援が意味をなすのです。山本さん自らが動機づけを高めることが出来れば、おのずと自立生活に向けた取り組みを開始することでしょう。ではどうすれば動機づけを高めることが出来るのでしょうか。

第2章 利用者主体の支援1（大きな流れのなかから）

　その方法は千差万別だと思いますが、先駆的な取り組みをしている施設の報告や私の経験からいって、同じ施設の他の利用者が一定の訓練を終え自立生活の環境が整い、地域で生活をはじめる姿を見て触発されることが多いようです。努力すれば自分にも出来る、ということを自覚してもらうことが最も重要な支援ではないでしょうか。ニーズと要望の違いをしっかり認識し、ニーズを充足する支援を心がけるようにしましょう。

　生活施設では、施設での生活を「より豊かに快適に」が目的となっています。薬を飲みたくない、ご飯を食べたくないといったこともよく遭遇します。このようなとき、どうすればよいのでしょうか。刹那的には快適かも知れません。服薬しない、食事を摂らないというのは健康を害し、施設での生活を「より豊かに快適に」という目的に反してしまいます。なぜ利用者はそう思っているのか、その「なぜ」を理解することから支援が始まります。

　以上述べたことで誤解をしないでいただきたいことがあります。それは日々の生活のなかで利用者から出された要求を単なる要望と捉え押さえ込もうとすることです。夕食の時間を遅くしてほしい、夏場はシャワーを毎日浴びることが出来るようにしてほしい、外出もある程度自由にしてほしいなど、人として当然の要求は施設での生活の質を高めるというニーズに沿ったものです。

　ここで大切なことは、ニーズの充足に向け、利用者はどのような支援を施設や職員に求めるのか、ということです。そして施設としてどのような支援計画を立てているか、利用者と合意がとれているか、ということです。この取り決めがはっきりしていないと、要望がニーズに化けてしまうのです。

◆計画を立てるときの留意点

　利用者のニーズを尊重し、かつ利用者主体という視点は当然のことですが、その他気をつけたい事柄をあげておきます。

支援計画は、支援の目標と具体的な計画とに分けられます。目標とは、長期的な視点に立って、利用者の生活上の問題が解決された状態、つまりニーズが充足された状態を言います。たとえば、授産施設であれば就労が、児童養護施設であれば施設を出ての自立生活などがあります。また、生活施設では、利用者の障害そのものをとり除くことは出来ませんから、障害をもったうえでその人らしく豊かな生活を送る、といったことがあげられるでしょう。その長期目標を達成するために、中期、短期の目標が設定されるのです。
　つまり、短期目標を達成し、中期目標、長期目標へと進んでいくのです。目標設定に際しては、後程評価が可能なようにしておくべきです。そのために留意すべき点を整理しておきます。
　　①あいまいな表現を使わず明確な表現とする
　　②具体的な表現を用いる
　　③肯定的な表現法を用いる
　　④実行可能な内容にする
　　⑤利用者のニーズに合致したものとする
　　⑥関係者の同意を得たものとする
　　⑦数量化が可能なものについては目標数値を示しておく
　計画は、目標を達成するためにどのような支援を行うかを取り決めることです。具体的に、いつ（までに）、だれが、どのように行うかを決めなければなりません。

◆支援計画失敗例
　ここで、私が勤めていた施設の失敗例をご紹介しましょう。施設長はじめ施設の全職員、福祉事務所の担当ケースワーカーも参加しました。さまざまな情報交換がなされ、利用者の意向を尊重し、長期目標を就労としました。就労に結びつけるために、職業人としての自覚を促すべく、社会性を身につ

けるということを中期目標とし、作業レパートリーの拡大と作業量の増大を目指すことが短期目標として掲げられました。

　計画は、今まで以上に多くの種類の作業に従事してもらうことと、就労に向けた意識づけを促し、就労に関する情報を提供するとともに利用者には職業安定所への登録を勧めるというものでした。何となく体裁が整ったケース会議であったため、参加者一同満足した様子でした。

　ところが、次のケース会議で評価を行ってみると、どれも手つかずの状態でした。評価どころではなかったのです。まず、中期目標に掲げた社会性を身につけるとはどういうことか職員のなかでコンセンサスが得られていなかったために、何の取り組みもされていなかったのです。作業レパートリーの拡大も作業量の増大も、どの作業に従事するとか、どれくらいの増大を目指すのかもまったく話し合いがなされていなかったために、作業能力が向上したのかどうか分らないのです。就労に関する情報提供もほとんどされず、職業安定所への登録も出来ていなかったのです。これは、だれが情報提供の中心的役割を担うのかとか、だれが職業安定所への登録を勧めるのかといった役割分担が不明確であったため、みんな他人任せにしていた結果です。

　これでは、前回何のためにケース会議を開いたのか分りません。そこで、この反省を踏まえ、役割分担を明確にし、いつまでにそれを行うのかも決めることにしました。そして、作業内容についても具体的な作業名をあげ、どの職員がそれを担うのかも決めることにしました。作業量の増大については、現在の作業量を正確に把握し、そこからどの程度の増大を目指すのかを明確にしました。

　このことによって、責任の所在がはっきりし、それぞれが役割を担っていけるのです。そして、次回の評価ケース会議では、それぞれの取り組みが評価出来るようになったのです。どのような支援の実施が展開されたのか、目標が達成されたのかされなかったのか、その要因はどこにあるのか、などが

評価出来るのです。また、その取り組みを通して、本当にケース会議で決められた実践が良いのかどうかという評価も同時に行われるようになったのです。

◆一人ひとりに応じた支援計画

　利用者の地域での「自立生活」、ということを考えてみましょう。皆さんは、利用者の何がどうなれば「自立生活」が可能だとお考えですか。一度メモ用紙に書き出してください。一般的なことを思い浮かべた方、特定の利用者を思い浮かべた方、さまざまだと思います。同じことを同僚に書き出してもらってください。皆さんとまったく同じでしょうか。異なっていたのではないでしょうか。「自立生活」の捉え方が一人ひとり違うのです。

　自立生活支援は、△△と△△を支援すれば良い、といった簡単なものではないのです。その利用者にとっての地域での自立生活とはどういうことなのか、利用者や家族がどのような生活を望んでいるのか、現時点でどの程度利用者に力量があるのか、どのような支援を望んでいるのか、そのためにどのような支援が出来るのか、一人ひとり異なってきます。年齢、生活歴、地域環境、経済状況、家族構成、家族関係、生活習慣、健康状態、障害状況、ADL、人生観、価値観などによって一人ひとり自立生活の意味や形態が異なってくるはずです。

　自立生活を考えた場合、身辺自立や経済自立だけを指すのではありません。介助を受けながらも主体的に生きていくことこそが自立である、という考え方に見られるように、自立生活の捉え方も大きく変わってきています。他の人のサポートが重要になってきます。そうなると対人関係も重要な要因となってきます。

　また、食事でも自炊の必要な利用者と弁当や惣菜で十分な利用者もいます。食事ひとつとっても支援のあり方が異なってきます。

第2章　利用者主体の支援1（大きな流れのなかから）

　ですから、一人ひとりの状況に応じて個別に自立生活支援計画を具体的に立案することが求められてきます。

◆支援過程を明確に

　第1章でも述べたように、支援はその過程が大切です。ですから、単に、前回はどういう状況で今回はどうなったという結果の比較では、支援の本質が見えてきません。どのような支援を展開し、どう変化していったのか、経過が分からなければ意味をなさないのです。

　時間がきたから打ち切る、とりあえず体裁を整えた計画にした、ということではまったく意味をもちません。みんなが納得出来るまで、話し合うことが大切です。出来もしないことを計画に掲げることは論外です。

　施設の職員だけで完結するのではなく、関係機関の専門家にも参加を促していくことが大切ではないでしょうか。参加が不可能な場合は、事前に情報を得ておく、会議の内容を伝えるといった形で周知徹底することを忘れないようにしましょう。

目　標	計　画
あいまいな表現を用いず明確にする 具体的な表現をする 肯定的な表現を用いる 実行可能な内容にする 利用者のニーズに合致した内容にする 関係者の同意を得た内容にする 数値目標を設ける	いつ（までに） どこで だれが どのように行うのか （役割分担を明確に）

4 利用者支援の流れ

◆ケース会議記録

　ケース会議用の記録用紙を作成しましょう。各施設によって、利用者、目指すべきものが異なっていますから、一律には出来ません。共通している内容に限ってお話します。

　利用者に関する情報、入所に至った経過、抱える問題・ニーズ、前回の目標・計画、援助の経過、今回の目標・計画、総合所見といった項目はぜひ作っておくべきでしょう。それ以外、各施設の状況に応じて医療面、ADL、介護面などの項目を付け加えればよいと思います。見やすく、分かりやすく、項目をきっちり区分けしていることが肝要です。

　支援計画に基づき、それぞれの職員が役割を担いつつ一丸となって、利用者支援を実践出来るようにするのが目的なのです。

アセスメント会議 （入所後第1回目）	評価会議 （入所後第2回目以降）
利用者の情報収集 利用者の抱える問題の整理とニーズの明確化 支援目標と計画	アセスメント会議以降の支援の実施内容と評価 新たな問題の整理とニーズの再把握 新たな支援目標と計画

　高齢者関係の施設では、介護保険が開始されケアプランが義務づけられています。本当の利用者支援は、介護に限定されず、利用者の生活全体について考えていかなければなりません。したがって、ケアプランは介護プランであって利用者支援の一部にすぎないということを自覚する必要があります。ケアプランをもって利用者の支援プランにかえてしまうのは危険です。ぜひ、利用者の生活全体を視野に入れた支援計画を作成してください。

第2章　利用者主体の支援1（大きな流れのなかから）

◆生活施設では、長期目標が決めにくい

　これまで、社会福祉援助の枠組みのなかで、目標や支援計画の立て方について述べてきました。しかし、実際このように簡単にいかない場合も多いと思います。たとえば、授産施設では、利用者本人は就労を希望していてもきわめて困難が予想される場合があります。長期目標を就労から他の項目へとかえる必要も生じてきます。また、重度の知的障害者の更生施設（入所）利用者や痴呆症の利用者のように自分の意思表明が十分出来ない人などはニーズが明確に掴めない場合があります。そうすると家族や職員の意向が優先されて、それを利用者の意向にすりかえられてしまうこともあります。とても危険なことです。

　にもかかわらず施設での生活は始まってしまっているのです。このようなとき、いま利用者の置かれている状況からスタートするしかありません。目指すべきものがなく、突き進んでいくのは危険かも知れませんが、何もしないよりはずっとましです。一つ一つの積み上げを通して利用者の長期目標を模索していきましょう。

　利用者の生活上のニーズは、その人らしいより豊かな生活を送ることです。長期目標が変わったり漠然としていても、そのことが支援の最終目標だということを忘れずに実践を積み重ねていきましょう。

第2章のポイント

◎処遇、援助から支援へと大きく変わりつつある。職員主体ではなく、利用者主体の時代が到来した。

◎主役は利用者で、職員の役割は利用者のパートナーである。そして、職員は歌舞伎でいう黒子の役割をとるべきであろう。主役である利用者が振舞いやすいように影ながら支えていく

のである。

◎エンパワーメントとは、利用者が抱える生活上の問題を認識し自ら解決・軽減出来るよう周囲の環境に働きかけ調整することであり、それを支援することである。

◎利用者は特別な人ではなく、普通の市民である。

◎利用者の権利とは何かをしっかり押える必要がある。施設全体として出来ることと、一人ひとりの利用者個別に考えていく権利がある。

◎利用者はいくらお客さまといっても、立場が弱い。利用者が堂々と苦情を言える施設は立派な施設である。社会福祉は、利用者の利益と生活を守るという基本価値がある。そこには、単なる接客業のようなサービス業とは根本的に質が違う。

◎利用者支援を考えていくとき、利用者の生活を包括的に見る視点と日々の生活を見る視点との両側面からのアプローチを常に対比させること。日々の実践に目を奪われ本来目指すべきものを見失わないようにすることを心がけなければならない。

◎利用者支援の過程は、利用の確認、情報収集・利用者理解・利用者の抱える問題やニーズの把握といったアセスメント、契約、支援計画の作成、支援の実施、評価、新たなアセスメントへのフィードバックの繰り返しである。目指すべき目標に向け、螺旋階段を上るがごとく進んでいこう。

◎利用者の本当のニーズを把握すること。言語化されたり文章に記載されている表面的な内容だけにとらわれないようにしよう。また、利用者の中には、本人が施設利用を望まない人もいる。家族や周囲の人の意向が強く働いて、本人の意思と

は関係なく施設利用していることも多い。利用者の痛みを感じよう。

◎利用者支援を展開していくうえで、ケース会議は重要な働きをなす。問題解決会議のような対処療法的な会議ではなく、積極的な支援を展開するうえで重要である。多くの職員や関係機関、本人や家族の合意のもとで利用者のニーズに即した計画を作成しよう。

◎ニーズと要望とは違う。本当のニーズをしっかり押さえ、利用者のその場の要望には慎重に対応しよう。

◎利用者の短所よりも長所、良さ、強さといったプラスの面を引き伸ばしていこう。

◎利用者の抱える問題とは、本人のうちにあるよりも本人を取り巻く環境側にあることのほうが多い。環境の改善が問題解決の早道である。

引用・参考文献

津田耕一:「社会福祉施設における援助実践の専門性を目指して－ソーシャルワーク理論の応用と援助システムの構築化に向けて－」『社会福祉研究』第62号　p87～p94　1995

山崎美貴子・北川清一編著:『社会福祉援助活動－転換期における専門職のあり方を問う－』岩崎学術出版社　1998

白澤政和・尾崎新・芝野松次郎編著:『社会福祉援助方法』有斐閣　1999

高山直樹:「社会福祉における利用者の権利擁護－その意義・理念・展望－」『社会福祉研究』第68号　p2～p10　1997

久田則夫:「社会福祉における権利擁護の視点に立つ新たな援助論－『利用者主体のサービス』の実現を目指して－」『社会福祉研究』第70号　p46～p58　1997

N.ベイトマン著/西尾祐吾監訳:『アドボカシーの理論と実際－社会福祉における代弁と擁護－』八千代出版　1998

朝日新聞朝刊:「児童養護施設　職員の半数，体罰容認」「体罰容認　浅い経験に一因」2000年7月23日付け

小笠原祐次:「社会福祉方法論の1つの検討－レジデンシャル・ワークの試み－」『社会福祉研究』第50号　1991

小田兼三・杉本敏夫・久田則夫編著:『エンパワメント実践の理論と技法－これからの福祉サービスの具体的指針－』中央法規　1999

阿部美樹雄編著:『よくわかる知的障害者の人権と施設職員のあり方』大揚社　1998

祐川眞一:「高齢者の尊厳と人権を守る施設運営」『社会福祉研究』第70号　p73～p80　1997

児玉安司:「利用者本位の契約書のあり方を考察する」『月刊福祉』2000年10月号　p38～p45　2000

川瀬正裕・松本真理子編：『新自分さがしの心理学—自己理解ワークブック』ナカニシヤ出版　1997

高齢政策センター編　小田兼三・杉本敏夫・鬼崎信好・久田則夫訳：『高齢者施設ケアの実践綱領—イギリスの高齢者住居施設とナーシングホームの運営基準—』学苑社　1999

社会福祉法人神奈川県社会福祉協議会人権機能のありかた検討会：『人権機能のありかた検討会報告書』

― 第3章 ―

利用者主体の支援2（具体的な関わりのなかから）

1　利用者と職員の関係

◆専門的支援関係

　利用者支援の第一歩は、職員と利用者の関係をどう築いていくかということです。ここで言う関係とは、友達関係や血縁関係といった私的な関係を指しているのではありません。利用者と職員という支援のなかで生まれる専門的な関係を指します。その意味では、意図的に作られた関係ともいえます。

　では、具体的に施設における専門的支援関係とはどのようなものかを考えていきたいと思います。施設では、ある部分日常生活を利用者と共に過ごします。そして数年単位で長く関わっていきます。利用者が施設を退所した後も関わることもあります。利用者の私的な生活に深く関わっていきます。このようなことを踏まえて考えていかなければなりません。

　小笠原祐次氏は、専門的援助関係の形成の前に、親子や兄弟、友人といったインフォーマルな「なじみの関係」ともいった人間関係の必要性を説いています。このようなことから、一般的に言われている専門的な関係とは少し異なった形態になるかもしれませんが、基本的な考え方は同じだと思います。

　利用者と職員の支援関係を深めていくには、双方の信頼が前提となります。信頼とは利用者が職員といるときに抱く安心感、ありのままの自分でいられることです。利用者が安心して相談出来る、介護を任せられる、この人なら

第3章　利用者主体の支援2（具体的な関わりのなかから）

一緒に出来る、と感じ取り、職員も利用者に信頼されていると感じている関係が保たれて初めて専門的支援が可能となるのです。

　利用者と職員の関係は職員から利用者への一方向でなく、双方向の関係にあるといえます。しかも、それは権威主義の関係でなくパートナーの関係です。したがって、利用者に接するときの態度も重要になってきます。このことをしっかり押さえておかないと、第2章で述べた上下関係になったり、利用者から信頼を得られない関係になってしまいます。

　時には利用者に厳しいことを言わなければならないこともあります。無理な要望には応えられないこともあります。しかし、信頼関係があれば利用者も理解してくれるはずです。

◆理解しようと努力し続けること

　ところが、職員は関係が出来ていると思っていても利用者は必ずしもそう考えていないことがあります。一方向の関係になっており、利用者の気持ちを理解出来ていなかったのです。本当の深い関係になりえていなかったことが、何かのときに表面化し職員側が大きなショックを受けたり不信感を抱くことになります。以前私が勤めていた施設で、ある利用者から「あなたに、障害者の気持ちなんか分かるはずがない。そんな人に福祉の仕事をやる資格はない」と言われたことがあります。とてもショックでした。金槌で頭を殴られたような感じでした。あることで、その利用者に理解を求めて一所懸命説得しようとした結果がその言葉だったのです。私はその利用者の一面だけを見ていたのです。その利用者の障害観やものの考え方を十分考えずに、自分の考えだけを押し付けようとしたことが利用者の怒りを買ったのです。

　実際、人の気持ちを100％理解することは不可能です。生身の人間同士の触れ合いである以上、限界はつきものです。その中にあって、最も大切なことは、利用者の気持ちを理解しようと努力し続けることです。思い違いや行

き違いの原因はどこにあるのか、利用者はどのような関係を求めているのかを見直す謙虚な姿勢が必要です。

　どのような関係の取り方が良いのかは、一人ひとりの利用者によって異なってきます。利用者の生活歴、障害状況、家族関係、地域性、生活習慣、価値観などをしっかり抑えてそれぞれの利用者に応じた関係のあり方を模索していきましょう。ここで最も注意すべきことは、「自分は利用者のことを理解している」と錯覚してしまうことです。

　以下、具体的なエピソードを交えながら職員と利用者の関係について見ていきたいと思います。

◆ある新人職員の例

　新人職員にとって、上司や先輩、利用者とうまくやっていけるかどうかがある意味で最大の課題となっているようです。ある授産施設で新人職員が利用者と関係を築いていった例をご紹介しましょう。新人職員田村さんは、大学を卒業してすぐ授産施設職員として働きだした若い職員です。電気部品の組立作業担当になりました。一方、利用者大川さんは、40歳代後半の職場経験や結婚経験もある男性でした。田村さんが担当することになった電気部品組立作業班のリーダー的存在です。大川さんからすれば自分の子供のような若者が職員（指導員）としてやってきたのです。作業に関しては当然、利用者の方が熟知していましたし、利用者も自信を持っていました。ですから、利用者は自己流で作業を進めていました。自己流で作業を進められると担当となった田村さんは困ってしまい、何度か注意を促しましたが全く聞き入れようとしません。利用者は、田村さんの指示にも従わなくなり、不平不満を公然と言うようになりました。このようなとき他のベテラン職員が介入するのですが、根本的な解決になっていませんから、問題はますます深刻化するばかりです。

利用者からは職員の担当を代えてほしいと申し出が出る始末です。一所懸命やっているのに利用者には通じなく、却って反感を招くばかりです。「自分も先輩職員と同じように接しているのに…」と、田村さんもすっかり自信をなくしてしまいました。仕事にも張りがなくなり暗い表情が続くばかりでした。田村さんの悩みは深刻です。

そこで田村さんの上司は、次のようなアドバイスをしました。「担当作業班の利用者と毎日どのような会話をしているか、一日の終わりに思い出してください。そのことについて自分自身どう思うのかを振り返ってください。また、利用者と共に過ごす時間を多く取ってください」。これだけを伝えたのです。ここから先は田村さん自身の問題です。

数日も経つと田村さんの様子が変わってきました。今までは職員（指導員）として指示していたことが多かったのが、指示の回数が減りました。利用者を主体とした作業体制に組み替えたようです。次に、事務仕事にも追われていたのですが、作業中は極力利用者と一緒に作業に従事するようになりました。そして何やら作業用の補助具を作っているではありませんか。

◆新人職員の努力

このような状態がしばらく続き、いつのまにやら電気部品組立作業班の利用者と田村さんの会話にも笑顔が見られるようになってきました。利用者からの田村さんに対する不満もいつのまにか消え去りました。大川さんは相変わらず作業班ではリーダーシップを発揮していますが、田村さんとも会話をかわすようになっていますし、近ごろでは大川さんから田村さんに作業のことで相談をもち掛けるようにもなりました。

田村さんが自らの言動を振り返り、反省し、利用者を受けとめるところから利用者との関わりを目指すようになったのです。そのような田村さんの気持ちが利用者にも伝わったのです。だから、利用者も田村さんを受け入れる

ようになったのです。ここから田村さんと大川さんをはじめとする電気部品組立作業班とのポジティブな関係が始まったのです。田村さん自身も職員として大きく成長したようです。

　ではどうして、新人職員と利用者の関係が築かれていったのかを見ていきたいと思います。当初田村さんは、自分は職員であり指導員である、企業の指示どおりに作業を進めることが何よりも大切でそのことを利用者に分かってもらうとしたのです。そして職員としての存在を指示や指導という形で示そうとしたのです。このことが利用者からの反発を招いたのです。上からの関係では利用者は心を開きません。指示するのではなく、支持することが大切なのです。

指示ではなく支持を

◆信頼関係は共に歩むことから始まる

　利用者との関係を築くうえで大切なことは、利用者を理解し利用者と共に存在することです。利用者も職員との関係のあり方を模索しているはずです。このようなとき、「私は職員だ、だから指示にしたがってください」と、言わ

第3章　利用者主体の支援2（具体的な関わりのなかから）

れたのではたまったものではありません。そのような関係の取り方をするのではなく、利用者から学ぶという謙虚な気持ちをもち、利用者の気持ちを感じ取り、その気持ちに理解を示すことです。一緒に作業することで、利用者の状況を把握しつつ、作業を修得します。理屈だけだなく、体で覚えるのです。そして利用者が作業しやすい補助具を開発し、作業の効率を図り、利用者が作業しやすいよう利用者主体の作業シフトを組むことで、利用者にとって職員は真の意味の黒子になっていくのです。

　利用者も、「田村さんは、作業も熟知しているし、要の所はさすが職員、補助具も使い易いものを作ってくれる」というようになれば、おのずと心を開いていきます。

　以上、授産施設での例をご紹介しましたが、他の施設でも十分応用可能だと思います。利用者にとって最も信頼できる職員とは、一緒にいてくれる人、介護でも時間をかけて丁寧にやってくれる人、じっくり話を聴いてくれる人、一緒に遊んでくれる人、つまり常に自分のことを理解しようと務め自分と一緒になにかやってくれる身近な人ではないでしょうか。

　何気ない職員の言動から関係がポジティブになるかネガティブになるか分かれてくるのです。焦らず、じっくりと利用者主体のプログラムを立て、利用者と共に過ごしましょう。そして、時折、きらりと光る職員としての技をさり気なく披露しましょう。

　ある施設長さんが、このようなことを言っておられました。「昔からいる職員は、利用者に対して介護は手荒い、口は悪い、しかし、情は厚い。それに比べて若い職員は、専門的知識はもっているが、利用者とは表面的な付き合いしかしない」。たしかに、その場面だけをみれば間違った対応ではないのかも知れませんが、理屈だけで人を理解したり信頼関係を築くことは出来ません。

◆利用者も職員との関係を模索している

林田さん（40歳代、男性）は、職員に話し掛けるとき、「きみは、…かね」とか「おまえは、…か」といった言い方をしていました。体格が良く少し威圧的な言い方であったため、他の利用者も近寄りがたい存在でした。しかし、職員はこのような林田さんに対して、さらに威圧的に関わるでもなく、恐る恐る関わるでもなく、ごく自然に他の利用者と同じような応対を続けていました。しばらくすると、林田さんの言い方がやわらかくなってきました。

施設利用を開始した当初は、自分と職員や他の利用者との関係をどう築いていこうかと模索していたのです。過去の経歴から、自分の存在を示そうとするには少し威圧的に対応することが最も手っ取り早いと学習していたのでしょう。しかし、そのような威圧的な関係でなく、自然な付き合いが最も良いということを林田さんは施設で学習したのです。ここで大切なことは、わたしたち職員が利用者の置かれている状況を理解し、また気持ちを察しながら接していくということです。向きになったり、腫物に触るような対応ではいつまで経っても心を開いてくれません。

◆理性的な側面と情緒的な側面

職員は利用者の苦しみを体験することは出来ません。しかし、利用者の苦しみを共にしようとすること、その努力の姿勢こそが求められているのです。利用者を一所懸命受け入れようとするだけでは不十分です。職員と利用者という人と人の素顔が触れ合うとき初めて信頼関係が芽生えるといえるでしょう。職員も時には自分をさらけだすことによって自分を知ってもらうことが大切です。

利用者支援の関係は、利用者の問題解決を効果的に支援するという理性的な側面と生身の人間同士が相互に関わり合うという情緒的な人間関係の側面があるといわれています。暖かさ、親密さ、純粋さといった職員の利用者へ

第3章　利用者主体の支援2（具体的な関わりのなかから）

の誠意がどれだけ伝わるかだと思います。

　しかし、ここで注意しておかなければならないことがあります。情緒的な側面だけを強調することは危険です。このことを誤って理解すると、後で述べるように、成人の利用者を子供扱いしたり、エンパワーメントを阻害するような関係作りになってしまいます。両側面がうまくバランス取れて初めて専門的支援関係が成り立つのです。

◆職員も利用者を信頼する

　支援関係は利用者が職員を信頼するという一方通行ではありません。職員も利用者を信頼するという関係も同時に存在しなければなりなりません。職員が一所懸命利用者支援を行っているのに、利用者はまったく応えてくれないことがあります。

　小倉さんは、福祉事務所のケースワーカーに勧められしぶしぶ授産施設に通うようになりました。漠然と就職したいという希望はもっていましたが、明確な目標をもっておらず、施設を休みがちでした。担当職員が声掛けしながら適した作業を準備するのですが、状況は一向に進展しません。家庭訪問をして話をしていくと「明日は必ず行く」というのですが、施設にはやってきません。「約束したのに」という思いが職員に涌いてきます。何度も何度も同じことの繰り返しです。小倉さんを疑ってしまうと、再び同じ約束をしようとしても小倉さんを責めるような言い方になってしまいます。これでは小倉さんを追い詰めるだけです。

　小倉さんも職員と話をしているときは施設に通う気になっていたのかもれません。しかし、いざ出勤となると足が遠のいてしまうのでしょうか。じっくり待ちたいですね。

◆理解を深めること

　中川さんは、一般企業での就労経験があり作業能力も高い方でした。しかし、意欲が見られません。特定の作業にこだわっていたので、その作業に従事してもらうことにしました。ところが、作業中よそ見や居眠りしたりで一向にはかどりません。他の利用者からも苦情が出ていました。

　具体的な作業目標を決めてそれを実行しようと試みたのですが、うまくいきません。「1日の加工目標をどれくらいにしましょうか」と声をかけると嫌そうな顔をします。それでも目標設定を促すと、そのとき加工出来ていた台数より低い数値を挙げるのです。それではいけないと思い、より高い数値を促すと、黙ったままです。

　「よそ見や居眠りの時間をなくして少しでも作業に集中すればもっと加工数が増加するはずだから努力しましょう」と何度も繰り返すと、しぶしぶ目標数値を挙げるのです。ところが、自ら納得した数値ではありませんから、当然目標達成など出来るはずがありません。作業中に声掛けをすると、そのときだけ手の動きが速くなりますが、すぐもとの状態に戻ってしまいます。

　自分で立てた目標だということで、目標数が達成するまで、作業を続けてもらいました。ところが、数日もすると、休んでしまいました。長期間に亘り欠勤が続いたのです。中川さんに無理強いをしてはいけないとそのとき初めて気づいたのですが、時既に遅しです。何度か家庭訪問をして「無理をしなくてよいから、出てこれるようになったら出てきてください」と話をするのですが、一向に返事は返ってきません。結局、出勤、欠勤を繰り返しながら中川さんは施設を辞めてしまいました。

　「意欲がないのだから」といってしまえばそれまでです。しかし、中川さんの気持ちを理解することなく、意欲を持ってもらうにはどうしたらよいか、ということだけに関わってきたため、「出来ない、なぜ出来ない」という気持ちが先に立ってしまったのです。だから、中川さんとの関係を重視すること

第3章 利用者主体の支援2（具体的な関わりのなかから）

よりも表面化している問題としか関われなかったのです。中川さんともっと向き合って、理解を深めたうえで、支援の方向性を出せばよかったのです。

　中川さんは高い能力を持ちながらも、施設で意欲が見られなかったのはなぜなのでしょうか。本来、一般企業で働きたいと思っている中川さんでしたが、いじめにあって何度も職を転々としたのです。そのつらい思いを胸に秘めた中川さんは、どのような思いで施設にやってきたのでしょう。またいじめられるのではないかという思い、施設での作業や賃金に不満を抱いていたのかもしれません。そのことを十分分析できておれば支援の方法は大きく変わっていたはずです。中川さんが求めていた支援を最もおろそかにしてしまったのです。

利用者が秘めていることを大切に

◆利用者との関係を築いていく7つの原則

　利用者との関係を築いていくうえで参考となるのが、F.P.バイステックの7つの原則です。ケースワークの原則として大変有名なので、ご存知の方も多

いと思います。利用者支援を進めていくうえで利用者との関係が重要ですが、バイステックの7つの原則はより良き関係を築いていくための原則を示しているのです。

バイステックの7つの原則を具体的に事例を織り交ぜながらご紹介します。

> 事例；中村さん（52歳、男性）は、妻と大学生の長男、高校生の長女と次男のいる5人家族です。ある外資系の会社の営業部長をしており、多くの部下を指揮しつつ海外を飛び回っていたやり手でした。ある日脳卒中で倒れ、救急車で運ばれました。幸い一命は取り留めたのですが、両上下肢麻痺となり車椅子での生活となりました。言語機能にも障害が残りました。医学的な治療を終え現在は身体障害者療護施設に入所しています。

◆利用者を個人としてとらえる

人間は一人ひとり個性をもつ異なった存在です。脳血管障害で同じような年齢や家族構成だからといって支援のあり方が同じではありません。一人ひとりの歩んできた人生や価値観、今の心理状態、家族関係などさまざまです。

中村さんは、脳血管障害の利用者である前に人格を持ったひとりの人間であるということを忘れないでください。十把一からげにしてしまうのではなく、中村さんを個人として尊重し中村さんの置かれている状況を十分アセスメントしたうえでどう支援するかを考えるのです。同じような年齢の同じような障害を持った他の利用者が積極的にクラブ活動に参加しているのに、中村さんはほとんど参加しない場合、「やる気がない」と決めつけてしまうのでなく、中村さんにとって今何が必要かを考えるべきです。

第3章　利用者主体の支援2（具体的な関わりのなかから）

◆利用者の感情表現を大切にする
　利用者は自分の置かれている状況に対し、怒り、悲しみ、絶望感などの感情を抱いているかもしれません。このような感情を押さえ込むのではなく、自由に表現することで利用者の気持ちが理解でき支援を効果的に進めていくことが出来るのです。感情が高まったままだと冷静な判断が出来ません。
　発病前の生活とは大きくかけ離れ、家族関係にも葛藤が生じているとしたら生活上大きな不安を抱くのは当然です。このような気持ちを職員に聴いてもらうことで気持ちが落ち着き、問題を冷静に見つめ前向きに問題に対処する姿勢が見え出すのです。中村さんの否定的な発言や態度を押さえ込むのではなく、そのときの感情を自由に表現できるよう配慮することが大切です。

◆職員は自分の感情を自覚して吟味する
　施設での生活を通して、利用者は職員に否定的な発言や態度をぶつけてくることがあります。また、利用者の悲しく辛い状況と出会うこともあります。このような時、職員が利用者を非難したり、逆に同情してしまうことがあります。しかし、それでは適切な支援が展開出来ません。このような時、利用者の感情に巻き込まれない冷静さが必要です。
　中村さんは、今の生活に自暴自棄になり、職員に不満をぶつけてくるかもしれません。あるいは逆に家族に対する謝罪の気持ちを打ち明けてくるかもしれません。このような時、中村さんに共感的理解を示しつつも、職員としての感情を上手くコントロールして中村さんの感情に適切に関わっていくことです。

◆受けとめる
　利用者の置かれている状況や立場を理解することです。渡部律子氏は、相手の歴史、個性、生き方を理解しようとすることから受容は生まれるとし、

自分とは違った価値観や人生観を持っていたとしてもその人を否定することなく、その人の「あり方」を受け入れることだとしています。そして、その人がなぜそのように考えたり、感じたり、行動するのかを「理解」することではじめて可能になるとしています。そのためには利用者との十分なコミュニケーションが必要だと述べています。

利用者の人間としての尊厳と価値を尊重しながらありのままの姿を受け入れることです。このことは、利用者の反社会的・非社会的な言動そのものを受け入れるのではありません。利用者がそのような言動を取るにいたった背景や感情を受け入れるのです。

中村さんは、発病前相当社会的地位が高かったことが予想されます。昔の自分を捨てきれない面を持ち合わせているのです。中村さんの自尊心を大切にしてほしいと思います。その一方で、経済的基盤、社会的地位を失った中村さんが自暴自棄になったり職員や他の利用者に攻撃的になっているのです。そのような中村さんに「今は以前と違う」といっても、本人には受け入れがたいのです。他の利用者に攻撃的になることは食い止めなければなりませんが、そのためには今の中村さんの気持ちを受け止めたうえで、支援のあり方を考えていきましょう。

私は、ある病院の若い看護師さんの対応を見て大変感心しました。痴呆症状のある80歳代の入院患者さん（男性）が、家族から「おじいちゃん、また間食して。そのようなことしているからいつまでたっても良くならないのよ」ときつく注意され、お菓子を取り上げられたのです。その患者さんにとって唯一の楽しみだったのかもしれません。そこへ若い看護師さんが血圧を測りに来ました。その患者さんは、「もういい」といって測ろうとしません。看護師さんは、「どうしました」と聞くと、「もういい、わしなんか生きていても仕方ない。だから測る必要はない」と答えます。するとその看護師さんは、「そんなことといわないで。私寂しくなるから。はやく元気になってほしい。

元気になったら一緒にお散歩しましょう」と暖かく包み込むように返したのです。するとどうでしょう。その患者さんは、「ほんとか。わしは怒られてばっかりや」と言いながら手を差し出したのです。

　若い看護師さんはその患者さんに何があったのか、分かっていないでしょう。しかし、何かが原因で落ち込んでいるということは推察出来たのです。このように、患者さんの気持ちを上手く受け止めることが出来たからこそ、患者さんが納得のうえ血圧を測ることが出来たのです。

　◆利用者を一方的に非難しない
　利用者の問題と思われる言動にも何か意味があるのです。それを十分理解せずただ表面に出てきた言動だけを責めることは良くありません。利用者は支援を求めているのであって、職員からの裁きを求めているのではないのです。

　中村さんも、やりきれない思いを職員にぶつけてくることがあります。このような時、職員が中村さんを非難すると中村さんはますます攻撃的・防衛的になり心を閉ざしてしまいます。

　◆利用者の自己決定を促して尊重する
　本書のメインテーマのひとつともいえる内容です。利用者をひとりの人として尊重し、自己決定できるように情報を提供し分かりやすく説明することです。時には職員が良くないと考えている結論を出すこともあります。また、明らかに不利益を被るような結論を出すこともあります。このような時も、一方的に反対するのではなく、十分話し合いながら利用者がより適切な決定を出来るように支援することを心がけましょう。最終的には利用者自らが決定するのです。

　中村さんの施設での生活や今後の生活についてどのような希望をもってい

るのか、そのためにどのような支援を求めているのか、中村さん自身が決めるべきことです。

◆秘密を保持して信頼感を醸成する

　利用者は施設（職員）だからプライベートな情報を打ち明けているのです。あるいは、人に言えないような悩みを打ち明けているのです。これは支援を展開していくうえで必要な情報であり職員を信頼しているからです。このような利用者に関する情報を他の人に漏らしてはいけません。職業倫理が疑われます。利用者からの信頼も失います。

　もし、外部機関や家族などに情報を提供するときは必ず利用者からの承諾を得るべきです。「あなただけに話すから、他の職員さんには内緒にして」と言われたとき、どうするでしょうか。このようなときは、「内容によっては私ひとりで背負えないことがありますので、上司に相談させていただくかもしれません」とあらかじめ断っておくことが必要です。また、支援を展開するうえで非常に重要な事柄の場合は、「上司に報告させていただいてもよろしいでしょうか。決して○○さんの不利になるようなことはいたしません」と断って承諾を得るべきです。

　職員は専門的支援者であると同時に施設という組織の一員でもあるのです。この両側面の立場をわきまえず、利用者との約束だけを守ったことが後ほど大きな問題に発展したり、逆に利用者との約束を勝手に破って上司に報告したことが判明して利用者からの信頼を失うようなことがあってはなりません。

　さらに、秘密を守るということでいえば、仕事を終えて喫茶店などで同僚と利用者に関する話をすることも慎みましょう。利用者の関係者や近所の人が聞いているかもしれません。また、施設内の廊下で話をしたり、職員の部屋であっても他の利用者や部外者がいるところで話をしたり電話で打ち合わ

せをすることも慎むべきです。思わぬ所から情報というのは漏れるものです。

中村さんも自分を支援してくれると思うからこそプライベートな情報を打ち明け人に言えない相談もするのです。このことをきっちり押さえて「この職員なら安心して自分の言いたいことが言える。助けてくれそうだ」と思えるような関係を築いていくことが何よりも大切なのです。

2　職務分析

◆職務分析のお勧め

皆さんは、日々どのような業務を行っておられるでしょうか。自らの業務を振り返ることによって、問題点も見えてきます。ここで皆さんに職務分析をお勧めしたいと思います。表に示したような職務工程表を用いて記入します。ここでは主に3つの側面から職務分析を考えていきたいと思います。

まず1つ目は、1週間、どのような業務を行っているか（業務内容）を調べます。遂行した業務内容を項目ごとに時間を追って記入して下さい。

2つ目は、それぞれの業務中に利用者と関わっているかどうかを確認して下さい。どの程度利用者と共に過ごしているでしょうか。大きく3区分に分類しましょう。利用者と一緒になにかをしている場合は○印を、利用者の動きを視野に入れつつ業務に取り組んでいる場合は△印を、まったく利用者とかけ離れて業務についている場合は×印を付けましょう。

3つ目は、利用者との会話の内容はどのようなものかを記録してください。

表の記入例を参考にしながら3つの側面を同時平行に記入してください。1週間分たまったら、これらのデータを数値化してみましょう。たとえば、1日8時間として1週間5日間で合計40時間となります。40時間を100％とします。

2 職務分析

表 職務工程表（1日分）（介護業務を主体とした施設の記入例）　　月　日　勤務時間：8:30〜17:00　8時間
⇒時間

	業務内容	8:00〜	9:00〜	10:00〜	11:00〜	12:00〜	13:00〜	14:00〜	15:00〜	16:00〜	17:00〜	合計時間(H)
直接支援業務	1) 介護業務											3.25
	2) 居室・日用品整理											0.5
	3) 社会活動やクラブ活動支援											1
	4) 利用者への学習や訓練											0
	5) 作業活動											0.5
	6) 利用者との談話											0
	7) 利用者との面接											0
	8) 医療健康管理											0.75
	9) 外出付き添い											0
	10) 巡回等											0
	11) その他個別ニード対応											0.25
	12) その他											0
間接支援業務	13) 家族との連絡調整											0.75
	14) 外部機関との連絡調整											0
	15) 申し送り・会議											0.5
	16) 行事等計画立案											0.5
	17) 事務処理											0
	18) ケース記録											6
	19) 施設内補修点検											0
	20) その他											2

利用者との接触度合い　○　△　×

利用者との会話や接触内容

第3章　利用者主体の支援2（具体的な関わりのなかから）

　まず、業務内容です。ここでは、介護を主体とした施設を例にとって考えていきます。表の業務内容1）～20）の各項目が1週間で何時間になっているかを計算します。そして40時間を100％として各項目がどれくらいの割合を占めているか確認します。棒グラフにすると分かりやすくなります。皆さんの業務をまじまじと眺めてください。皆さんの1週間の業務内容が一目瞭然になります。

　次に、利用者との接触度合いです。①利用者とともに過ごしていた時間、②視野に入れつつ業務に取り組んでいた時間、③利用者と離れて業務していた時間をそれぞれ合計してください。40時間のうち3区分した接触度の割合を出してください。これで、皆さんの利用者との接触度が分ります。いかがでしょうか。利用者と多く接する時間を取っていますか。

　さらに可能ならば、業務内容（項目別）ごとに利用者との接触度合いを出してみてください。そうすると、さらに皆さんの業務が細かく分析出来るのではないでしょうか。書類整理や職員間の打ち合せに多く時間を取っている人は、利用者との接触が少ないはずです。

　さて、利用者と接触を多くとっていればそれで良いということではありません。問題は、その中身です。第2章で、利用者への支援計画について述べましたが、日々の実践が支援計画に基づいているかどうかです。単なる世間話やその場限りの会話であってもそれが支援計画に基づいておれば重要な関わりとなります。世間話から入ったとしても、そのことをきっかけに意図的な関わりへと移っていくこともあります。ごく自然な会話や関わりから、利用者の生活状況や健康面、心理面を引き出すことが重要なのです。

◆日常業務こそが専門性

　これらの職務分析を通して分かることは、施設職員というのは介護の施設であれば介護が、作業施設では作業が、生活施設では生活援助が主な業務内

容となっているということです。利用者との面接や指導といった時間は少ないのではないでしょうか。社会福祉援助のテキストに出てくるような面接室での面接はあまり多くないと思います。利用者に「相談があればいつでも相談室にきてください」といっても、利用者からすればなかなか敷居が高くて行きにくいものです。自ら言語化して問題を訴えることが難しい利用者も多くいます。

　施設での支援の専門性が見えにくいのは、日常的な生活場面での関わりが多く、恰好いい面接室での相談スタイルではないからです。介護、作業、家事援助というのは、素人でもできるという認識が強いのです。しかし、私は、施設における専門性というのは素人でも出来ると思われがちな介護、作業、家事援助にあると考えています。もっと厳密に言えば、介護、作業、家事援助を通して専門的な関わりを行うことこそ利用者支援の神髄であり、施設における専門性発揮の場だと断言します。

　毎朝一番に食堂にやってくる利用者が今日は食事の時間になってもやってこない、作業でミスをしない利用者がミスをしたり落ちつきがない、となるとなにかあったのではないかと心配するのは当たり前のことです。トイレ介助をしていていつもに比べて便の量が少ない、軟らかい、となれば何か健康面と関係しているのではないかと推察できます。食事介助をしていていつもと比べ食べる量が多いとか少ないとかで、利用者の健康面や心理状態の異常に気づくことができます。改まった場所でなくとも、トイレというある意味で密室となったところで、介助を通して色々と相談話が出たり、施設での出来事についての話も飛び出してきます。

　この、何気ない日々の出来事のなかにも利用者のさまざまな変化を読み取ることが出来るのです。むしろ、日々利用者の生活と関わっているからこそ、ちょっとした変化にも気づくことが出来るのです。このような利用者からのサインを見逃さないでキャッチすることに施設職員の専門性があるのです。

第3章　利用者主体の支援2（具体的な関わりのなかから）

そして、この日々のやりとりこそが利用者との面接場面なのです。面接というと、何か面接室で職員と利用者が向き合って話をするということを想定しがちですが、必ずしもそれに限定されません。

廊下ですれ違いざまに少し話をする、食事・トイレ・衣服の着脱といった介助を通して何気ない会話から利用者の悩みや健康状態を把握することも立派な面接です。要は、このことを職員が意識しているかどうかです。食事・トイレ・衣服の着脱といった介助が目的になっていると、速く介助する職員が優秀な職員となってしまいます。目に見えない業務を一所懸命行っている職員も評価されるべきです。これらの介助を媒介として支援計画を実践しているのだという自覚や利用者の状況を理解し新たなニーズを把握する心構えが不可欠なのです。これが意図的介入といわれるものです。

利用者も、日々関わってくれている職員こそ最も話しやすいはずです。介助をしながら「今日の調子はどうですか」という声掛けを行いましょう。施設職員の専門的関わりは、この声掛けや介助から始まるといえるでしょう。第1章で述べた「施設職員の仕事の本質」とはまさにこのことなのです。

但し、利用者とのコミュニケーションという名目で、介護業務や雑用を避けるようなことは論外です。このようなことになると、本来の目的が損なわれ利用者とコミュニケーションをとろうとしている職員が「なまけている」「遊んでいる」と批判されるのです。現場の第一線で働く職員は、日々の日常業務なくして相談業務はありえません。

◆時間はつくるもの

「職員は忙しそうに動いている、以前に比べて話を聞いてくれなくなった」、という苦情をよく聞くようになりました。たしかに、雑務が増えてきていることは事実でしょう。書類の整理、データ管理など職員の業務は倍増するばかりです。そうすると最も皺寄せがくるのが利用者と向き合うということです。

1日1回10分でも担当の利用者と向き合う時間を作りましょう。現場で働く職員は、利用者とどれだけ時間を過ごせるか（どれだけ話を聴けているか）にかかっているといっても過言ではないでしょう。ひとりで過ごすのが好きな利用者や精神的に自立している利用者でへたに職員が側にいないほうが良い利用者に対しても、要所要所は押さえておく必要があります。普段特別な関わりを必要としない利用者ほど問題が大きくなりがちです。

　このようなことをお話すると、「忙しくてそんな時間は取れない」と反論されます。何がそんなに忙しいのでしょうか。現場の職員が利用者と関わる時間がなくて、どのような業務が忙しいのでしょうか。職務分析を通して見直す必要があります。

　「利用者と過ごす時間を取ろう！」と心に決め、実行すればきっと出来るはずです。「忙しくて出来ない」「時間があればする」ではなくて、「忙しい中にあっても時間を作る」ことです。

時間は作るもの

第３章　利用者主体の支援２（具体的な関わりのなかから）

◆利用者とのコミュニケーションを職員同士で認め合う

　しかし、ここで問題がひとつあります。施設はチームで仕事をしています。朝の忙しい時間帯に少ない職員で多くの利用者の介護をしなければなりません。このような時、じっくり利用者と関わっていると他の職員に迷惑を掛けるというのです。ペアを組んでいる職員の負担が増えたり、場合によっては苦情が出ることもあります。どうすればよいのでしょうか。

　コミュニケーションを重要視した業務のあり方を職員同士で認め合うことです。常に利用者との関わりが必要というわけではありませんから、介護に専念出来るときは専念すればよいのです。利用者との関わりが必要なときは他の職員に介護を依頼するなどお互い協力すべきでしょう。このことについては後ほど詳しく述べます。

3　利用者と接する態度

◆呼称問題

　皆さんは、利用者と接するときどのような態度で接しておられるでしょうか。利用者と接する態度についていくつかの角度から考えたいと思います。まず、利用者の名前をどう呼んでいるでしょうか。「〇〇（名字）さん」「〇〇ちゃん」「（ニックネーム）」「〇〇（呼び捨て）」その他色々とあるように思います。たとえ1歳でも年上の先輩職員には「〇〇さん」と呼び敬語を使っているのに、年上の利用者には「〇〇ちゃん」と呼んで敬語を使わない、まるで目下の人にものを言っているような横柄な態度をとる、という職員を見かけます。どういうつもりなのでしょうか。先輩職員と年上の利用者の間には何か大きな違いがその職員のなかにあるからこの区別が出てくるのでしょう。この違いは何なのか、真剣に考える必要があります。

私は職員と利用者で名前の呼び方を変えることは差別につながると考えています。少なくとも、成人施設では利用者を「〇〇（名字）さん」と呼ぶべきだと考えています。「〇〇ちゃん」「（ニックネーム）」「〇〇（呼び捨て）」で呼んでいるのは、利用者を保護の対象者とみたり、何も出来ない人とみなす名残と考えています。
　このような話をすると、「今までやっていたことを急に変えるとかえって利用者が混乱する」とか「〇〇ちゃんと呼んだほうが利用者からの反応がある」「〇〇ちゃんのほうが親しみが涌きやすい」という声をよく聞きます。当然だと思います。利用者は今までずっと、「〇〇ちゃん」で呼ばれてきたのです。いくつになっても周囲の人から子供扱いだったのです。だから「〇〇ちゃん」しか知らないのです。
　皆さんの生活はどうでしょうか。人生の節目節目で名前の呼び方や接し方が変わり大人へと成長してきたのです。だから、人から「〇〇ちゃん」と呼ばれないしそれが当たり前なのです。職員はちゃんづけの方が親しみが涌くと思っていても利用者はどう思っているか確認したことがあるのでしょうか。職員が一方的に親しみを感じているだけかもしれません。利用者にとっていい迷惑です。

◆職員の対応で利用者も変わる
　私たちにこれから出来ることは、第2章で述べたように一人の市民としての利用者であるという認識をもつことです。そして、これからでも遅くありません。「ちゃん」から「さん」へと変えていきましょう。利用者にも、「これからはあなたを一人の大人として私たちは関わっていきますよ」という根気強い姿勢を保つことです。利用者の成長の可能性を信じましょう。最初は、「〇〇ちゃん」と呼ばないと応えてくれないかも知れません。ですから、ある程度の関係が築かれるまでは「〇〇ちゃん」と呼んで、それ以降は、大人と

第3章　利用者主体の支援2（具体的な関わりのなかから）

してしかも分かりやすく具体的な関わりへと切り替えていくのです。

　ここでひとつの実例をご紹介しましょう。吉川さんは身体障害者療護施設の利用者で、知的障害も合わせもつ50歳代の女性です。今までずっと「かよちゃん」と呼ばれていました。50歳になっても同じです。20歳代の若い女子職員は吉川さんを「かよちゃん」と呼び、まるで子供に接するかのように関わっています。したがって、吉川さんにとって若い女子職員は「お姉ちゃん」なのです。事あるごとに、職員から見ると「甘え」ととられる言動しかしないのです。ところが、問題意識のある男性職員がきっちり「吉川さん」と呼び、大人としてしかも分かりやすく具体的な態度で接していました。するとどうでしょう。しばらくすると、吉川さんに変化が見られました。「吉川さん」と呼び大人として接している職員に対して、吉川さんはその職員の名前を呼ぶようになったのです。そして自らの要求もきっちりと伝えるようになったのです。しかも、「かよちゃん」と呼んでいる職員に対しては相変わらず同じ態度でしか関われないのです。

　この実例は何を物語っているのでしょうか。職員の対応如何で利用者も大きく変わるのです。

◆呼称問題は支援の第一歩

　施設職員の研修で利用者の呼称問題が話題に上ることがよくあります。必ずといってよいほど新人職員は「明日から"ちゃんづけ"は止めます」というのですが、半年後、やはり「○○ちゃん」と呼んでいるのです。職場全体の雰囲気がそうさせているようです。職場全体の問題として再度検討する必要があります。

　呼称問題は、古くからある問題です。すばらしい取り組みを行っている施設でも職員が成人の利用者を「○○ちゃん」と呼んでいるのを聞くとがっかりします。

ある施設で、利用者を人として尊重していこうという取り組みとして名前の呼び方を変えてはどうかという意見がでました。それまで「○○ちゃん」やニックネームで呼んでいたものを「○○（名字）さん」に統一しようというのです。一部の職員から「名前の呼び方を変えたくらいで本質的なことが変わらなければまったく意味がない、かえって利用者との関係が弱くなるような気がする」という反対意見が出ました。

　しかし、この職員こそ物事の本質をどう捉えているのか問い直してみました。まず、利用者を人として尊重する取り組みの足掛かりとして名前の呼び方から始めようとしていることをどう理解しているのでしょうか。また、反対している職員は、本質を変えるためにどのような意見をもっているのかということです。利用者の意思を尊重するとか気持ちを大切にする、といったあいまいな返答しか出てきませんでした。結局、その職員は現体制を変えられることに抵抗していただけなのです。

　「○○さん」と呼ぶのは目的ではなく、手段であるということを忘れてはなりません。抵抗はつきものです。信念をもっているなら、抵抗を乗り越えることです。現場では抽象的な概念だけでなく、具体的な活動が求められるのです。利用者を人として尊重するということは具体的な実践でどうすることなのか、一つひとつ考えていくことです。その中のひとつとして呼称問題が出てきたのです。

◆話し言葉、接し方

　次に話し言葉や接し方について考えたいと思います。敬語を使っているからそれで良いというものではありません。ていねいに暖かくかつ分かりやすく話し掛けることが大切です。きわめて冷たい事務的な対応では、いくら「○○さん」と呼んでいたり、敬語を使っていても心が伝わってきません。第4節以降では、具体的な利用者との接し方（コミュニケーション）について考

第３章　利用者主体の支援２（具体的な関わりのなかから）

えていきます。

4　コミュニケーション

◆コミュニケーションの重要性

　私たちは、利用者や他の職員など多くの人とコミュニケーションを図りながら利用者支援を展開しています。コミュニケーションは意思の伝達であり、相手の意思を理解するという相互理解をしながら双方が影響を与え合うものです。

　コミュニケーションほど大切で難しいものはありません。自分の意思を相手に伝えることと相手の意向を理解するということ、そして理解したことを相手に伝えることが出来て初めてコミュニケーションは成立するのです。

　話し手から受け手への一方的な情報伝達を単方向コミュニケーションといい、相互作用があるコミュニケーションを双方向コミュニケーションといいます。施設では、職員が一方的に利用者に説明するだけ、指示を出すだけで立ち去ったり、利用者からの訴えを短時間で立ち話程度に聞き、話を打ち切るといった単方向コミュニケーションがよく見られます。職員が忙しさを理由にじっくり利用者とコミュニケーションを図ろうとしていません。

　そこで、誤解や無理解が生じるのです。このようなことのないように職員は利用者の伝えようとしている意味を表面的あるいは部分的な内容にとらわれず、内面の感情を受けとめ理解することが大切です。

　コミュニケーションは、双方の伝達のやりとりがあって初めて成り立つものです。その意味では、職員の言語・非言語による意思の伝達は、利用者にも敏感に伝わります。言葉では、共感、受容を表す言葉を用いていても、非言語レベルで、退屈だ、面白くない、その考えは理解できない、間違ってい

る、腹立たしいなど職員の真意が出てしまうこともあります。また、施設の中で職員がしかめっ面をして忙しそうに走り回ったり、利用者が声を掛けようとしてもそのような雰囲気を与えないこともあります。そのような非言語による伝達は利用者との関係を壊してしまうばかりか、利用者の精神状態は悪くなるばかりです。

　コミュニケーションが増せば、満足度が高まり、満足度が高まればコミュニケーションも増すといわれています。お互いの人間関係が満足のいくものであると、コミュニケーションが増え、これがさらに相互の満足度を高めていきます。

これでは話しかけられません

◆言語コミュニケーションと非言語コミュニケーション
　一般的に人は、言葉で何かを伝えようとします。もっとも手っ取り早いからです。言葉を用いると過去や未来について語ることが出来、現実に存在しないものや想像上の世界あるいは抽象的な概念についても語ることが出来るのです。言葉は社会生活を営むうえで不可欠なものなのです。

「平和」ということを相手に伝えるとします。「平和」と言葉でいえば、平和という言葉は人によって色々と捉え方がありますが、その場に応じた意味に理解してすぐ相手に伝わることでしょう。しかし、「平和」を言葉以外で伝えるとしたらどうしますか。ジェスチャーではなかなか相手に伝わりません。

しかし、言葉だけでは話し手の意思をすべて伝えているとは限りません。ある施設利用者が、「ここの職員は本当に良くしてくれるので、何も不満はありません。感謝していますよ」と、うつむき加減で暗い表情をして言えば、聞き手は、何か不満があるが言い出せないのではないかと理解するでしょう。つまり、発している言語と利用者の声の調子やしぐさとは一致していないため、言語以外のコミュニケーションを真意と理解するのです。

また、重度の知的障害をもつ利用者や痴呆症の利用者のように言語を用いてコミュニケーションを図ることの困難な利用者も多いはずです。ですから、言葉を用いることの困難な利用者はジェスチャーを用いて意思を伝達しようとするのです。

たとえば、何かを伝えようとするのですが、相手がまったく理解していません。皆さんはどうしますか。諦める、怒る、泣く、他の人に伝えようとするなど色々な行動に出ると思います。これと同じことなのです。利用者も何か伝えたいのです。しかし、職員が一向に理解してくれないから、ついパニックになったり、人を叩いたり、物を壊したり、自分を痛めつけたりといった行動に出るのです。

このようにコミュニケーションには、言語によるコミュニケーションと非言語によるコミュニケーションがあるのです。そして、非言語によるコミュニケーションこそが話し手の真意を伝えているといわれています。利用者とコミュニケーションを図るとき、利用者から発せられた言葉だけを鵜呑みにしたり、表面にでてきた問題行動だけに振り回されてはいけません。行動の

意味を理解しなければなりません。

　何度伝えようとしてもまったく理解してもらえなかったら、その利用者は、もうあなたに話をしにこなくなるでしょう。寂しいかぎりです。まさか、「やれやれ、せいせいした」と思っているなら、相当危機的な状況に陥っていますよ。

　重度の利用者の意思決定は出来ないと諦めてしまうのではなく、利用者がサインを出せるような関わりをとることと、態度やしぐさといったサインが出たときに見逃さないようにすることが大切です。

非言語的コミュニケーションの種類

身体動作	身振り（ジェスチャー），身体の姿勢，顔面表情，視線など
空間行動	対人距離，なわばり，個人空間，座席行動
準言語	言語に付随する声の質（高さ，リズム，テンポ），声の大きさ，言い間違い，間（ま）のとり方，沈黙など
身体接触	触れる，撫でる，叩く，抱くなどの接触行動
身体的特徴	体格，体型，体臭，身長，体重，皮膚の色，毛髪の色など
人工品	個人が身につけている香水や口紅などの化粧品，服装や眼鏡，ネックレスなどの装飾品

◆笑顔

　仕事場にいるときは、極力笑顔を忘れないようにしましょう。職員がこわばった顔をしたり暗い顔をしていると、利用者も不安になります。プライベートや仕事のことで嫌なことや辛いことがあっても利用者にその感情をそのまま表現するのは疑問に感じます。気持ちを切り替えましょう。

　顔の表情が心理状態に影響を及ぼすという説があります。怖い顔をしていれば、怒りの感情が増し、笑顔であれば喜びも増すというのです。顔の表情

第3章　利用者主体の支援2（具体的な関わりのなかから）

が感情を決定するというのです。志水彰氏は、笑うことによって楽しい感情をもたらし、相手にも笑いと楽しい感情を誘発し、この相互作用によって楽しさがさらに増すといっています。

　自分が意識しているよりも暗い顔やこわばった表情をしていることがあります。鏡で自分の顔を見て笑顔チェックをしましょう。作り笑顔から自然な笑顔になりましょう。笑顔は人を和ませてくれるものです。

笑顔チェックを忘れずに

◆**行動が先か意識が先か**

　ある施設での出来事です。職員の田上さんが事務所で一所懸命書類の作成をしていました。提出期限が迫っていたのです。相当焦っているようです。そこへ利用者の清元さんが用事を頼まれてほしいとやってきました。田上さんは「いま忙しいから、後にして」と断ったのです。しかし、清元さんはそんな田上さんの状況に関係なく、しつこく用事を話しだします。田上さんは、清元さんの顔を見ずひたすら書類にむかって「後で」というばかりです。そ

れでも清元さんは「今してほしい」と言うのです。ついに田上さんは大声を出して「今、忙しいって言ってるじゃない。どうしてそれが分からないの。いつもわがままばかり言って！」と怒鳴ってしまいました。これには、さすがの清元さんもびっくりしてその場を去っていきました。そして、通り掛かった他の職員に用事を頼んだのです。

　怒鳴った田上さんも怒鳴られた清元さんも決していい気分ではないでしょう。しかし、田上さんは、怒鳴ってしまったことへの後悔と同時に清元さんは「わがままだ」と自己の行動を正当化しようとします。人間だれでも、怒鳴ってしまうと後味の悪いものの、自分を正当化しようとします。こう考えると、怒鳴るという行動によってその後の気持ちが決まってきます。ここで、もし田上さんがわずかな時間でも手を止めて話を聞くとか、「今は手が離せないから（具体的に）○○迄待ってほしい」と伝えるとか、他の職員に依頼するとかといった対応法をとっておれば、双方不愉快な感情をもたずに済んだのです。ちょっとした行動で、気分を良くも悪くもするのです。

◆職員の体はひとつ

　施設職員はとにかく忙しい。手の離せない仕事をしているときに利用者から呼び止められることもよくあります。また、先ほど述べた忙しい時間帯に利用者との関わりを大切にしなければならないと感じたときなど、どうすればよいのでしょうか。「どんなに忙しくても仕事の手を止めてわずかでも利用者の話に耳を傾けなさい」、というのは正論すぎます。

　正論ですが机上の空論です。他の利用者の介助をしているときに、声を掛けられるといった場合もよくあります。

　このようなとき、一呼吸して今何をすべきかを冷静に考えましょう。利用者に「ちょっと待って」と説得している時間があれば、利用者の用事を済ませたほうが早いことだってあります。大事な話しであれば、じっくり聴きた

いから別に時間を設けようと約束したり（この時は出来るだけ早い時期に具体的に日時を決めて下さい）、他の職員に依頼するなど方法はいくらでもあります。

「ちょっと待って」と言ったきり戻ってこないのが、最も失礼です。利用者はいつまで待てばよいのでしょうか。

◆利用者の問題行動は職員がつくっている

これと関連して利用者の問題行動は、職員が作っているということがあります。普段から利用者と十分なコミュニケーションを取っておれば、このようなことは少なくなるはずですが、とかく施設では手のかからないといわれている利用者は後回しにされ、関わりの必要な利用者が優先されます。

また、人を叩く、物を壊すといった行動をとれば必ず職員が走ってきます。注意されようが怒られようが職員はかまってくれるのです。こんな効率的に職員の関心を集める方法はありません。利用者からすれば職員にかまってほしければ、問題行動を起こせばよいのです。問題行動をすれば職員はかまってくれるのです。普段何気なく良い行動をしている利用者に職員は機敏に関わりをもっているでしょうか。ほとんど放任状態です。利用者の問題行動を強めているのはひょっとしたらあなたかもしれませんよ。利用者の問題行動をなげく前に、望ましい行動にもっと関心を示しましょう。

◆「職員はどういうつもりだ！」

「職員はどういうつもりだ！」と、利用者の大沢さんが怒鳴りながら私のところにやってきました。大沢さんは自分が受け持っている作業の機械の調子が悪いので、職員に修理を依頼したところ職員がいい加減な対応しかしなかったため、すぐに機械の調子が悪くなった、どういうことなのかとい言い寄ってくるのです。興奮状態にある大沢さんをなんとか作業場から連れ出し、

食堂で話を聴くことにしました。

　そこで、職員に対する不平不満を吐き出したのです。具体的な状況説明を聴いたうえで、色々と話を聴いていくと、大沢さんの言い分は次の点に集約出来ることが分かりました。自分は一所懸命作業しているのに職員はそのことを認めてくれない、職員は一緒になって作業に取り組んでくれない、その場限りの対応である、他の利用者はいい加減な作業しかしていないのになぜ注意しないのか、という内容です。

　大沢さんはしばしばこのようなことを繰り返し、職員に対する不満をストレートにぶつけてくるのです。熱心に取り組んでいるのはいいのですが、必要以上のことを要求したり、常に自分を優先してほしいという感情が強く出ているため、職員はいつしか大沢さんを避けるようになってしまいました。場合によっては、職員も感情的になって大沢さんと言い合いをすることもあります。そうすると大沢さんの不満はますますエスカレートするばかりで、双方が否定的な感情をもち始めました。作業場にはただならぬ雰囲気が漂います。大沢さんからすれば、まともに声をかけても職員はきっちり対応をしてくれないのです。だから、怒鳴るのです。しかし、最初はこのことに気づきませんでした。

　職員も他の利用者も大沢さんに対して否定的な発言が多く見られるようになりました。大沢さんもそのことを感じ取っていたようで、しきりに「ここの人は変な人が多い」と自己を正当化するばかりです。

◆利用者としっかり向き合う

　大沢さんとどう関わっていったら良いか、私自身大いに悩みました。夢にまで出てくるのです。職員間で何度も話し合いが行われました。問題の所在は何か、その背景は何か、ということを考えていきました。問題は、「職員の対応がまずい」とすぐ感情的になって大声を出すことです。では、なぜそ

第3章　利用者主体の支援2（具体的な関わりのなかから）

のような問題行動が頻繁に出てくるのかを考えました。大沢さんは寂しいのです。幼少期に家族と離れ離れになり、親戚を転々としていたそうです。ひとり暮らしで、友達もいない、施設だけが唯一人と関われる場なのです。人との関わりを求めているのです。人から評価されたいのです。

ただ、そのコミュニケーションのもち方が否定的になっていることによって周囲の人を不愉快にさせていることが問題なのです。そこまで明らかとなったのです。だからといって、問題がすぐ解決するわけではありません。職員の言い分は、大沢さんの気持ちは分かるが、あのような言い方をされたのでは身がもたない、といった内容です。

しかし、大沢さんから逃げていては何の解決にもなりません。そこで、しばらくの間大沢さんの側について一緒に作業に取り組むことにしました。約1ヵ月ほとんど大沢さんに付きっきりでした。そして、大沢さんの要求に応えられないときは毅然たる態度をとりお断りしました。その間、事細かに自分の作業に対する意欲や職員に対する不満などを繰り返していました。ただこのときは、職員が付きっきりだったので、感情的になることはなく落ち着いた様子で、職員も大沢さんのいい分を受けとめるよう努めました。1ヵ月ほどすると、「職員さんも忙しいことだし、作業や機械のことを少しはわかってもらえたと思うので、もうずっと付かなくていい」と言ったのです。

大沢さんの様子が少しずつですが変わってきました。これまでだと、自分が職員を呼べば何を差し置いてもすぐ駆けつけるべきだ、と主張していたのが、「手が空いたらこっちへ来て」というようになったのです。興奮状態になる頻度も少なくなってきました。

大沢さんは100％満足しているわけではありませんが、少しは防衛の殻を脱いだようです。言葉や行為一つひとつに柔らかさが見られ、他の利用者に対する思いやりも見受けられるようになりました。本当に長い道程でした。

職員も人間ですから、つい感情的になってしまうこともあるかも知れませ

んが、それでは問題は解決しません。利用者もストレスがたまる一方です。先程の行動が先か意識が先かで述べたように、冷静に話を聞くという訓練を日々行っておくことが大切でしょう。職員の応対が変わることで利用者も変わるのです。

　大沢さんの一番の要求は、自らの存在価値を認めてほしいというものだったのです。たとえネガティブな方法であったとしてもそのことへのサインは確実に発し続けたのです。ある日大沢さんが「あなたたち職員は、話をすれば分かってもらえると思う。だから、私の言い分をぶつけるのだ。それがあなたたちの仕事ではないのか」とおっしゃっていました。大沢さんは私たちを信頼しているとそのとき改めて痛感しました。

　大沢さんのように、言葉でそのことを表現出来る利用者ばかりではありません。言葉で表現出来ないから行為で表現するのです。パニック行動を起こす利用者のそのパニックという行動のみに着目するのではなく、行動の奥に潜むサインを読み取ることが大切ですし、そのことに対してどう対応していくのかということを実践しなければ何の解決にもなりません。「なぜ？」と考えてください。職員がきっちり関わってくれない、もっと関わってほしいというサインかも知れません。

◆行動の前と後に起こっている状況を調べる

　ただ、利用者の言動の背景になるものをすべて理解出来るわけではありません。施設職員だけでは、解決出来ない問題も多くあります。このようなときは専門家に見てもらうことも大切です。ただ、専門家に見てもらうほどではないが問題行動だということも多くあるでしょう。理解しがたい行動には、行動の起こる前、行動の後の状況を分析し、行動の理解を深めましょう。

　行動の起こる直前の状況として、どこで、誰がいて、どんなことが起こっていたのかを調べます。問題行動を誘発する手がかりとなるものがあるはず

第3章　利用者主体の支援2（具体的な関わりのなかから）

です。また、利用者の行動の後にどんなことが起こっているかも同時に調べます。誰かがかまっている、その利用者にとって欲しているものが手に入った、不愉快なことが取り払われた、といったことを調べます。このことを繰り返していくとある法則性が見つかるかもしれません。正確な問題把握は、正確な情報を整理することから始まります。

5　コミュニケーションの技法

　第4節では利用者とのコミュニケーションの大切さと難しさについて述べましたが、ここでは利用者と話をするときの技法をいくつかご紹介しましょう。

◆基本的な関わり方

　利用者とのコミュニケーションにおいて最も大切なことは、利用者が話ししやすい雰囲気を醸し出すことです。このことをより効果的にするために以下にいくつかの基本的な関わり方を説明します。

①視　　線；視線を自然に利用者に向けましょう。視線をそらすと利用者に対する無関心を示すことになります。凝視すると利用者が緊張してしまうので気をつけましょう。

②姿　　勢；リラックスしてやや前かがみになって暖かな動作を示しましょう。目線は利用者と同じ高さにしてください。車椅子に乗っている利用者や座っている利用者を上から見下ろすようなことは避けてください。利用者と同じ目線で世界を眺めると違ったものが見えてきます。足を組んだり腕組みをしたり、椅子の背もたれにもたれかかるような姿勢は話を聴く態度とはいえません。話の途中であくびをすると聴く気がないと思

われます。
③声の調子；声の大きさ、話す速度、明瞭さを適度に保ちましょう。落ち着いた速さで、聞き取りやすく話し、安心感を与えるように心がけましょう。
④応　　答；利用者の言ったことの中から話題を探しましょう。唐突に話題を変えたり、利用者の話をさえぎってはいけません。最後まで話しを聴きましょう。利用者なりに筋道を立てて話しをしています。途中で切ると、利用者の言いたいことが伝わってきません。利用者の話しに耳を傾けて一所懸命「聴く」ことです。「傾聴」という言葉があります。耳を傾けて話を一所懸命聴いて話し手の言わんとすることを理解することです。ぜひ、努力してください。
⑤話の促し；利用者の話に対し、適当なタイミングでうなづきやあいづちを入れましょう。利用者への関心を示し話しやすい雰囲気を作り出します。ただ、機械的に頻発すると、話を打ち切りたいように受け取られますので気をつけましょう。
⑥沈　　黙；会話が途切れると、職員側から沈黙を破ろうとしますが、沈黙には肯定的な意味が多く含まれています。職員に話をしようかどうしようかと迷っていたり、どのように話をしようか、など利用者の考える時間でもあります。あまり長く沈黙が続くようであれば、「何かとても話しにくそうですね」「今の気持ちをもう少し話してみてください」「今どんなことを考えておられましたか」など、声掛けする方法もあります。

◆質問

質問には「開かれた質問」と「閉じられた質問」があります。

第3章　利用者主体の支援2（具体的な関わりのなかから）

　開かれた質問とは、職員からの問いかけに利用者が自由に答える方法です。「○○について話しをしてください」「たとえばどのようなことでしょう」「そのことについてもう少し詳しくお聞かせください」「いまどのようなお気持ちですか」というように、利用者のスタンスで話しが出来るような質問です。

　開かれた質問のよさは、利用者の思いや一番言いたいことが自由に述べられるため、利用者主導の会話が出来ることです。

　ただ、「なぜ」「どうして」といった尋ね方は利用者を防衛的にしますので多用しないように気をつけましょう。

　閉じられた質問とは、情報や事実関係を確認するため、単語単位や「はい」「いいえ」で答えられる単純な質問です。事実関係を確認するには良いのですが、話に発展性がありません。

　矢継ぎ早に質問しないようにしましょう。職員主導の質問になってしまううえ、利用者に考える時間を与えないため、言いたいことが十分伝えられません。

　開かれた質問と閉じられた質問を上手く織り交ぜることが大切です。

これでは話ができません

◆内容の反射

　利用者の話を聴きながら、利用者の言っている内容を返します。利用者の発した言葉を繰り返す方法、内容の意味を変えないで別の言葉で言い換える方法、要約する方法があります。「あなたのおっしゃっていることは○○ですね」と伝えることです。これによって利用者も自分の言いたいことが職員に伝わったと安心します。

　なかには、長々と話をしたり、興奮状態での話や、利用者自身自分の中でまとまっていないこともあります。このようなとき、内容の反射を的確に行うととても効果的です。利用者の発言内容が支離滅裂でも、利用者と一緒に一つひとつ整理していくことで、利用者自身が何を考えていたのか整理出来ます。その中で、利用者が一番訴えたいことは何なのかを探るのです。このとき最も重要なテーマを取り違えないよう十分注意してください。利用者の発言の意味を変えたり勝手に付け加えたりしないでください。

◆感情の反射

　利用者の感情をフィードバックします。感情とは、喜怒哀楽などの利用者の気持ちを表すことだと理解してください。気持ちを分かってもらえたと思うことで、さらに安心します。これも内容の反射と同じで、利用者の気づいていない感情を気づかせることにも役立ちます。「それはとても口惜しいですよね」「腹立たしいですよね」「残念ですよね」「悲しいですね」「とても嬉しそうですね」「楽しそうですね」「緊張しますよね」「心配ですよね」といった感情です。

　深刻な話、困惑しているとき、興奮状態にあるときなどは、利用者の感情を反射することで、利用者は大変落ち着きます。「そうそう、分かってもらえますか」といった発言が出るとしめたものです。そのためには、利用者が何を言いたいのか、どのような感情を抱いているのかを冷静に把握すること

第3章　利用者主体の支援2（具体的な関わりのなかから）

が大切です。せっかく感情の反射をしても、「そうじゃなくて…」と言われると、どうにもなりません。

◆すぐに答えを出す必要はない
　利用者が即答を求めてきたり、どうしたらよいか教えてほしいと訴えてくる場合がよくあります。すぐ回答できる場合は別として、慎重を要する内容のときは、必ずしもその場で返答する必要はありません。利用者自身はどう思っているのか、どうしたいのかを聴き、「一緒に考えていきましょう」という姿勢こそが大切なのです。

◆内容ではなく言い方の問題
　以上、利用者とのコミュニケーションの基本的な技法を述べましたが、このことは理屈として頭に入っているだけでは不充分です。実践できて初めて意味があるのです。普段なかなか意識出来ないものです。また、意識していても実行出来ていないことも多いようです。
　ある授産施設で職員の渡辺さんと利用者の杉田さんがなにやらもめているようです。話を聴いてみると、杉田さんが今日までに仕上げるべき作業を忘れていて納品が間に合いそうにないとのことです。渡辺さんは杉田さんに「ちゃんと今日が納期だと言っていたじゃない。なぜ作業が出来ていないの。いったい何してたの？」ときつい口調で注意したのが発端とのことです。
　杉田さんも「納期を忘れていたのは確かに私の責任だけど、そんな言い方しなくてもいいじゃない」と引き下がりません。渡辺さんは発注元にどう説明すれば良いかとか、もっと自分が進捗状況を把握すべきだったという後悔の念などが入り混じりながらついきつい口調で注意をしてしまったのです。
　杉田さんが納期を忘れていたのは問題です。渡辺さんも、進捗状況を確認せず当日になって問い合わせることは問題です。しかし、ここではコミュニ

ケーションの技法に限定して考えたいと思います。杉田さんは納期を忘れていたことは認めているのですが、言い方に腹を立てているのです。

　ここで話がややこしくなり、本来の納品の話はどこへやら飛んでしまっているのです。つい感情的になってしまうこともありますが、本筋と離れた方向へ話が向いてしまうのは問題です。言い方ひとつで聞き手は受けとめ方が大きく変わります。極力冷静に聞き手が納得するよう話を持っていきましょう。

◆利用者が本当に訴えたいことは何か（問題の明確化）

　ある施設での出来事です。利用者の北山さんが興奮状態で職員に「同室の町田さんを別の部屋に移してほしい。夜遅くまでテレビを点けているため眠れない。もう我慢の限界だから今日中に部屋換えをしてほしい」と訴えてきました。職員は、「部屋換えを、と急に言われても…」と困惑気味です。「職員はわれわれの生活をどう考えているのだ！」と北山さんの興奮状態は収まりません。「何とかしろ！」の一点張りです。ただならぬ雰囲気が漂っています。どうすればよいのでしょうか。

　北山さんの訴えは何でしょうか。町田さんを別の部屋に移すことでしょうか。確かに、それで静かになるかもしれません。しかし、部屋換えはそう簡単にいきません。また、職員への批判でしょうか。このとき職員は、部屋換えにこだわらずもっとじっくり北山さんの話を聴くべきです。「それはお困りでしょう。もう少し話を聞かせてください」と、投げかけてみてはどうでしょうか。話を聴いていくと、町田さんは毎週決まった曜日に見たいテレビがあり、イヤホンを掛けないでボリュームを大きくして見ているとのことです。この春始まったドラマを楽しみにしているとのことです。北山さんは、テレビの音が気になりなかなか寝つけず翌日は睡眠不足で体調が思わしくないとのことです。「それは辛いですよね」と感情の反射をすると北山さんも気

持ちが分ってもらえたと思い少々落ち着くのではないでしょうか。

　今回の一件があるまで二人は特にトラブルはありませんでした。

　北山さんは町田さんがテレビのボリュームさえ抑えてくれればそれで良いのです。北山さんは町田さんに注意出来ずじっと我慢していたのですが、限界に達し感情が爆発したのです。そして、部屋換えを求めてきたのです。職員に対しても感情的になったのです。

　一番訴えたかったことは、テレビの音がうるさくて寝つけない、そのため翌日体調が思わしくなく辛い、ということだったのです。その思いを受け止めてもらいたかったのです。そして、テレビのボリュームを下げるか聞こえないようにしてほしいということだったのです。ですから、まず北山さんのそのときの感情をきっちりフィードバックすることです。

　このように見ていくと、部屋換えや職員への批判というのは問題の本質ではありません。表面に現れた事柄に縛られると、問題がとんでもない方向へといってしまいややこしくなります。職員への批判はなにか原因があるはずです。それを聴き出すことが大切なのです。急に「部屋換えをしてほしい」と言われると職員としては困惑してしまいます。場合によっては防衛的にな

問題の本質をしっかり把握する

ったり、北山さんを批判的に見てしまいます。そうすると、利用者も攻撃的になります。

　唐突な利用者の発言にも、利用者の中では色々な伏線があっての発言なのです。ですから、その場の発言だけを取り上げるのではなく、状況をしっかり把握出来るよう、話を聴くことで誤解もなくなるのです。

　北山さんの感情や訴えを踏まえたうえで、この問題にどう対処していくか具体的な解決法を模索していきます。利用者のエンパワーメントを活用した支援のあり方を考えていきましょう。

◆説教や説得でなく納得を

　利用者とのコミュニケーションの中で、知らず知らずのうちに職員は利用者を説教したり、職員の意向を伝える際に利用者を説得しようとします。利用者に分かってもらおうと思ってやっている場合があれば、利用者はこうあらねばならないと思い込んでそうさせてしまおうとする場合もあります。

　このままだと明らかに利用者が不利益を被るような場合、職員はそれを阻止するために説教や説得を試みることがあります。また、利用者が逸脱行為をした場合、施設のルールを守ってもらうために、注意という名目で説教や説得を行っている場合もあります。しかし、説教や説得は、一方的に職員の意向を伝える単方向のコミュニケーションですから、利用者はまったく納得していません。今まで述べてきたように、利用者がなぜそうするのか、どう思っているのか、そのことによってどうなるのか、どのような状況が望ましいのかなどを利用者と一緒に模索することを忘れてはいけません。

　職員の価値観でものごとを推し進めてはいけないのです。自分自身が納得しないことは誰もやりたくないのです。意地でも自分の思いを押し通そうとします。利用者が納得できるようなコミュニケーションや解決法を見出していきましょう。

第3章　利用者主体の支援2（具体的な関わりのなかから）

　場合によっては、利用者が少々の危険を冒す権利を認め、それを見守っていく必要も生じてきます。利用者が痛い体験をすることで、納得出来ることもあります。

◆ビデオで自分を見てみよう

　利用者とのコミュニケーションの技法を説明してきましたが、これをより実践的に行うために、自分の姿をビデオに映してどのように振る舞っているかを見てみましょう。自分を客観的に見ると、意外な一面が見えてきます。
　私が以前勤めていた施設で利用者の生活支援の様子をビデオ撮影して利用者と反省会をしたことがあります。そのとき、担当職員である谷田さんが利用者にいろいろと注意事項を伝えている様子も映っていました。谷田さんは、自分の注意したとおり利用者が出来ていなかったので声を少々荒げていたのです。谷田さんは、この自分の姿を見て赤面しながら「私、こんなきつい言い方をしていたのかしら。ごめんなさい。今後気をつけます」ととても恥ずかしそうにしていました。そのとき感じないことでも、冷静に見つめると改めるべきことも分かってきます。
　少々慌てているときや急いでいるときも、気づかないできつい言い方をしてしまいます。必ずしも悪いことではないですが、別の用事が気になり利用者と関係ないことで利用者にきつい言い方をしているなら問題です。
　もし出来るなら、職場の同僚とペアになって利用者との会話をロールプレイしてみてはいかがでしょうか。そして、上に述べたような技法がどの程度出来ているか、改善すべき点は何か、同僚から批評してもらうと気づかなかった自分が見えてきます。とても恥ずかしいことですが、やってみる価値は十分あります。
　施設職員の研修でビデオを用いたロールプレイを行うのですが、最初嫌がっていた受講生もやってみるととても盛り上がっています。

6 記録

◆記録の意義と重要性

「記録」と聞いて嫌な顔をされる方も多いと思います。しかし、記録は施設職員にとって重要な業務のひとつです。記録の意義を以下にまとめてみました。

①適切なアセスメント及び支援計画作成の資料となる

②これまで取り組んできた支援の評価を行うときの資料となる

記録にはさまざまな種類がありますが、ここでは利用者支援に関する記録について述べます。入所時の記録、ケース会議の記録、日々の実践記録などいくつかの種類があります。これらは、バラバラに存在するのではなく、すべて連動しているものなのです。ケース会議の記録は、利用者のニーズや支援計画が記載されています。これをもとに日々実践しているわけですから、その実践がどのようなものかをしっかり記しておく必要があります。そして、この日々の実践記録をもとに、実践を振り返り、評価し、新たな支援計画を作成していく資料となるのです。ケース会議や事例研究会に参加していると、「その点については記録が残っていないので…」、といった発言も時々見受けられます。これでは十分なディスカッションが出来ません。

③職員間で情報を共有できる

職員は自分の担当の利用者のみ関わっているわけではありません。すべての利用者に関わっています。利用者に関する情報が特定の職員にしか提供されていないと支援がちぐはぐになってしまいます。その意味で職員が利用者に関する情報を知りたいとき記録を見れば分かるようにしておくことは大切です。

④支援の一貫性と継続性につながる

職員間で情報を共有することによってどのような支援が展開されているか

第3章　利用者主体の支援2（具体的な関わりのなかから）

が職員に周知徹底され、一貫した支援が可能となります。また、これまでの支援内容が分かるため、これらを踏まえた支援が出来ます。つまり、その場その場の断続した支援ではなく継続した支援が可能となるのです。

⑤上司への報告になる

⑥スーパービジョンの資料となる

　私が以前勤めていた職場では、月末を日々の実践記録の提出期限とし、各職員が担当利用者の記録をまとめていました。提出期限前になると、職員は夜遅くまで記録作成に時間を費やしていました。しかし、各職員が記録の意義や重要性を十分認識していたので、誰一人苦情を言うわけでもなく、職員間で「記録できた？」と声を掛け合っていました。

　上司は、日々の実践についてすべての報告を職員から受けているわけではありません。記録を読むことで、利用者の様子や職員の支援のあり方が見えてきます。私は、各職員から提出された記録を2～3日中に読みコメントをつけて返却していました。担当職員が苦労したり悩んでいるような記述については個別に話を聴くことにも努めました。つまり記録は、管理職への報告の意味と職員へのスーパービジョンの意味も含まれているのです。

　また、職員から相談を受けたり、職員が悩んでいそうなとき、あるいは問題のある対応をしているときに利用者支援について一緒に考えていく材料として、記録は重要な働きをします。その時の職員の思いを受け止める資料ともなるのです。

⑦担当者が代わってもそれまでの支援の内容が分かる

　担当者が異動や退職で施設からいなくなったとき、その担当者の記憶が唯一の資料であったなら、新しく担当となった職員は、一から情報の収集を行わなければなりません。膨大なエネルギーです。

　しかも、人の記憶は曖昧ですから、時間とともに真実が薄れてしまいます。「確か○○だったような気がする」では、思い違いや勘違いも入り混じって

真実が歪められてしまいます。

　このようなことにならないよう、「記憶ではなく記録を」残しておくことはとても大切です。

　　⑧支援のあり方をより科学的に行うための資料となる

　記録として残されたデータをもとに、利用者支援をより科学的に展開していく基礎資料ともなります。勘や経験から脱皮していくためには蓄積された記録を分析し、今後の支援のあり方に大いに役立てるべきです。

　　⑨実践の証となる

　第1章で、社会福祉援助は過程が大切だと述べました。どのような支援が展開されたか、その過程を客観化出来るのが記録なのです。記録は、私たちの実践の証なのです。情報開示の時代です。近い将来、利用者や家族が私たちの実践記録の提示を求めたとき、公開しなければならなくなるでしょう。そのとき、私たちの実践に自信と責任をもてるようにしたいものです。「記録が書けていない」では話になりません。利用者が怪我をしたときに対応するのと同じくらい緊急性の高い業務なのです。

　以上、記録の意義と重要性について述べました。ただ、現実には、記録が書けていないのです。「忙しいのでついつい…」とか「文章を書くのが苦手」といったことが主な理由のようです。しかし、上で述べた記録の意義と重要性をしっかり自覚し、記録を書く習慣を身につけましょう。「書く時間がない」ではなく、職務分析をもとに「時間を見つけて書く」ものです。

◆記録の視点（どのようなことを書くのか）

　あるケース記録です。「14：40分トイレに行く」と一行だけ書かれてあります。もしこの利用者の支援目標が「自力でトイレに行く」とか「トイレの際に職員を呼ぶ」となっていたら、この一行の記録は重要です。しかし、そのような目標がなく排尿（便）チェックも不要であるにもかかわらず、単に

第3章　利用者主体の支援2（具体的な関わりのなかから）

トイレに行った事実、トイレ介助の事実だけを記しているのなら、記録としての意味がありません。記録は単に書けば良いというものではないのです。

　ここでは、日々の実践記録を中心に記録の視点について述べたいと思います。もっとも基本的な視点は、支援計画に対する実践経過です。日々の実践は、支援計画に基づいています。したがって、支援計画をどう実践したかをきっちり記録として残しておかなければなりません。職員がどのような声掛けや対応を行ったのか、外部機関や家族との連絡・調整をどのように行ったのか、といった支援計画に掲げられた内容です。また、そのことによって利用者がどう感じているか、どう変わったか、計画どおり進んでいるのか、計画の達成度合いはどうなっているか、計画は良かったのか、ということを常に観察し、記録にとどめておくべきでしょう。

　第2は、利用者の変化や利用者の新たな発見に関することです。支援計画とは直接関係ない事柄でも、利用者の健康面や心理面、環境面も含めた生活上の変化については、細かな観察が必要です。利用者を取り巻く環境や社会情勢、利用者自身の身体的変化などによってニーズが大きく変化することもあります。これらのことを正確にアセスメントするためにもちょっとした変化や新たな発見を見逃さないようにしましょう。

　第3は、突発的な出来事です。施設生活では予期せぬ出来事も起こります。例えば利用者同士のトラブル、職員とのトラブル、体調が急変した、利用者あるいは家族からの相談依頼などです。これらのことは後々重要になってくることもありますので、「1回限りのことだから」で済ませるのではなく、きっちり記録しましょう。

　第4は、その他の事項として利用者に関する新たな情報を得た場合、行事のときの様子などがあります。

　何も書くことがないという利用者もいます。「特記事項なし」です。しかし、利用者にも毎日の生活があり何らかの活動をしているわけですから、分量は

少ないにしても、観察の目は養っておきましょう。

◆**記録の内容（何を書くのか）**

その場面の状況説明、利用者の様子、職員はどのように対応したのか、職員や他の利用者とのやり取りの内容やそのときの利用者の様子、職員の対応によってどうなったかなどをしっかり押さえておきましょう。

利用者がどのようなことを言ったのか、どのようなふるまいをしたのか、そのときの利用者の気持ちはどのようなものだったのか、どうしてそうなったのか（状況説明）、そのことに対し職員や周りの人たちはどう関わっていったのか、などをきっちり整理して記入します。そのうえで、職員としての考察を記入していきます。

数値化出来るものや項目にチェックを入れれば良いものについては、一覧表を作成しそれに記入出来るようにしておけばよいと思います。ただ注意しなければならないのは、このようなデータは記録の一部ですがすべてではありません。

◆**記録のポイント（どのように書くのか）**

記録を書くときのポイントをいくつかご紹介しましょう。

①**記述方式について**

記述方式についてはいくつかの書き方があります。出来事の経過を追って記述する方法、会話を逐語で記述する方法、長い出来事のポイントを押さえて要約する方法があります。どの方式を用いるかは場面や内容によって変わってきますし、これらの方法を上手く組み合わせて記入することも可能です。

②**その日のうちに書く**

これは記憶が薄れていかないうちに書くという意味と、溜めるとますます書けなくなるという二つの意味があります。忙しい業務にあって常に記録を

念頭に入れておくことは出来ません。そこで、気づいたときに記入すべきポイントを単語単位で結構ですからメモしておいて、後で詳細に記入する習慣を身につけておくと大変便利です。いざ、何を書こうかと悩まなくて済みます。記録を溜めると毎日は少量でも知らず知らずに雪だるま方式に膨れ上がっていきます。

③直接関わった職員が書く

当事者がその状況を最も理解しているわけですから、担当以外であっても、重要な事項についてはその場面に遭遇した職員が記録にまとめます。また、外部機関や家族との連絡などで担当でなく上司が関わったときには、当然関わった上司が記録としてまとめ報告します。担当職員に口頭で伝え、それを担当職員に記録させるのは問題です。表面的な記録しか書けません。

④見出しをつける

冒頭に小見出しをつけておくと、後で検索するときに大変便利です。たとえば、「家族との面談」「就労についての話し合い」「主治医からの情報」「○○さんとのトラブルについて」といった内容です。

記録は溜めないで

⑤決めつけた言い方をしない

「わがままだ」「自己中心的」といった決めつけたような表現をせず、「他の利用者が反対意見を言ったことに対して急に声を荒げ、『俺の言う通りにしろ!』といった」というような記述にします。決めつけたような表現で記入すると、その言葉が一人歩きし、利用者にレッテルを貼ってしまうことになりかねません。

⑥抽象的な表現を避け具体的に書く

抽象的な表現は、人によって解釈の仕方が色々とあります。必ずしも記録を読む人が記録者と同じ理解をするとは限りません。「今日1日は良好に過ごされた」といった表現は避け、具体的にどのように過ごされたかを記入しましょう。

⑦事実と考察を分けて書く

まず、事実経過を説明しそのことについての考察を最後に加えてください。そうしないと読む人が、事実なのか記録者の主観なのか分からなくなり、主観を客観的な事実として誤解してしまいます。

⑧読みやすく書く

書いているときは状況が浮かんでいるのですが、数ヵ月後に読み直したときや他の人が読んだとき、まったく意味の通らないことになっていれば記録として意味がありません。主語と述語をはっきりさせてください。どのような状況で、誰が発言したのか、誰が行ったのか、誰が感じたのかはっきりさせておかないと誤解のもとになります。また、話が急に変わったり、前後入れ替わって記述すると、読むとき混乱します。きっちりまとめてから記入しましょう。誤字脱字にも気をつけましょう。

⑨会話体を有効に活かす

キーワードは会話体のまま「　」でくくる、といった工夫をするとその言葉が活きてきます。たとえば、職員が発したこの一言で利用者が急に怒り出

第３章　利用者主体の支援2（具体的な関わりのなかから）

した、笑顔が見えたなど大切な言葉はぜひ書きとめておきましょう。また、利用者が発した言葉で大切な言葉、そのときの利用者の感情を言い表している言葉についても同様に「　」で記入すると分かりやすくなります。

◆記録でうまくごまかさない

　ある特別養護老人ホームで、起床時間に職員の杉山さんが利用者の大村さんを起こしに行ったときの記録です。

　━いつものように起床時間に利用者に起床を告げ、各部屋を回りながら介助を行う。大村さんにも同様に声掛けをするが一向に起きようとしない。何度か声掛けすると急に怒り出した。━

　この記録だけを読むと大村さんに非があるような受け止め方をされます。しかし、このような記録の書き方では真実が伝わってきません。どのような起床の声掛けを行ったのか分かりません。朝の忙しい時間帯ですから、不用意な声掛けを行ったり急かすような声掛けを行ったのかもしれません。そのことに大村さんが気分を害したため怒り出したのかもしれません。また、最初に声掛けをしたときに起きなかったのはなぜか、ということもまったく記録に書いてありません。杉山さんの声掛けの仕方が悪かったのかもしれませんし、大村さんの体調が悪く起きれなかったのかもしれません。このように見ていくと、杉山さんの対応に問題があったのかもしれません。

　記録を書くのは職員ですし、その場面に関わった職員、つまり当事者が書きます。自分に不利になるような書き方をあまりしません。わずか数分のちょっとした出来事かもしれませんが、多くのことが隠されているのです。利用者の関わりで「まずかった」ことでも、正直に記録として残しておきましょう。

同じようなことがあります。利用者が他の利用者に迷惑行為を行ったり、規則を破ったとき、職員から注意を受けたとします。記録には、「きつく注意した」「今後このようなことのなきよう強くお願いをした」と記されています。コンパクトにまとまっています。しかし、具体的にどのように注意したのか、お願いしたのかがまったく記されていませんから、利用者を怒鳴ったのか、脅すような言い方をしたのか、分かりやすく説明して納得してもらったのか、定かではありません。注意の仕方、お願いの仕方が適切かどうかということです。具体的に表現することを心がけましょう。具体的な表現を用いることで職員の対応が明確にされ、客観的な評価が可能となるのです。そのことが後にあなた自身の成長につながります。

7　実践編

◆やってみよう

　第3章で学んだ利用者とのコミュニケーション技法や記録法についてロールプレイを通して実践してみましょう。もし可能なら、ロールプレイの風景をビデオ撮影してください。緊張するという場合は、ビデオ撮影なしでも十分ロールプレイは可能です。

　研修進行リーダー1名とロールプレイは4〜5人1組で出来ます。大勢参加人数がいる場合は、いくつかのグループに分け同時並行してください。以下に場面設定、役割分担と登場人物の概要、状況説明を記しますので、全メンバーがこれを読み役割を決めてください。研修進行リーダーが、場面設定、役割と登場人物、状況説明を記したカードを参加メンバーの人数分用意して配布します。

第3章　利用者主体の支援2（具体的な関わりのなかから）

◇ **場面設定** ◇

ある特別養護老人ホームでの出来事です。

◇ **役割と登場人物** ◇

＜利用者　　川村紀江さん＞

85歳、女性。軽度の痴呆症。愛らしい顔つきも重なって皆（職員・利用者）から「のりちゃん」と呼ばれている。

＜利用者　　浜野幸代さん＞

83歳、女性。川村さんと同室。痴呆症状は見られない。

＜介護職員　山西さん＞

55歳、女性。経験豊富な自称ベテラン。職員ペースで仕事を進めていくタイプで、少々手荒い介護を行うが、介護手順は慣れたものである。

＜介護職員　坂井さん＞

22歳、女性。介護福祉士養成の専門学校を卒業して2年目である。

＜観察者＞

ロールプレイを傍から見守ってください。

◇ **状況説明** ◇

利用者の川村さんが「ちょっとお願い」とナースコールを鳴らしました。近くを通りかかった職員山西さんが介助に入るため、川村さんの居室に行きます。そこには同室の浜野さんがテレビを見ています。

以上、全メンバーが共有する情報です。4人1組で行う場合は、利用者の浜野さんが観察役を兼ねてください。役割が決まったら、それぞれの登場人物別にシナリオを記しておきましたので、よく読んでシナリオを頭に入れてください。他の登場人物のシナリオは見ないで自分のシナリオだけを見てください。登場人物別にシナリオを記したカードを事前に準備しておきます。観

察役の人はすべてのシナリオについての情報がない状態でロールプレイを見守ってください。

　役柄やシナリオが理解出来たら、ロールプレイの開始です。決して恥ずかしがらず、躊躇せず、役に徹して遂行してください。そうしないとロールプレイが失敗します。

　ロールプレイが一段落すれば、終了してください。研修進行のリーダーがストップをかけて下さい。

◆登場人物別シナリオ
《介護職員　山西さん》
　川村さんがナースコールを鳴らしたため、川村さんの居室に入って「のりちゃん、呼んだ？」と声を掛けてください。川村さんがあなたの顔を見てすぐ目線をそらし、下を向いて黙ったままです。「どうしたの、呼んだんじゃないの？」と促してください。しかし、返事はありません。さあ、どうしますか。あくまで、「のりちゃん」という呼び方、横柄な態度で子供扱いした関わりを通してください。

　何度か尋ねた後、同室の浜野さんに「どうしたのかしら、何か聞いていませんか」と問い掛けてください。期待するような答えが返ってこないため、イライラ気味に再度川村さんに声掛けしてください。

　そこへ若い職員の坂井さんがやってきたので、「ちょうどよかったわ、よく分らないけど代わってくれる」と言って出ていってください。

《利用者　川村紀江さん》
　トイレに間に合わず失禁してしまったため、着替えを依頼しようとナースコールを鳴らしたのですが、そこへ手荒い介護をする山西さんがやってきたため下を向いたまま黙ってください。山西さんが「どうしたの、呼んだんじゃないの？」と声を掛けてきますが、黙って下を向いたままにしてください。

第3章　利用者主体の支援2（具体的な関わりのなかから）

山西さんとは一切言葉を交わさず黙ったまま下を向いていてください。

　途中、若い介護職員の坂井さんがやってきて山西さんと交代します。坂井さんに代わってからは次の要領で応答してください。まず、坂井さんはあなたにナースコールの要件を聞くか、なぜ山西さんの介護を受けないのかなど話し掛けてきます。

　このとき、坂井さんが暖かく包み込むような言い方をして利用者役であるあなたが話出来そうな雰囲気であれば、その想いを話してください。そうでないときは適当に答えてください。

　山西さんの介護を拒む理由は、山西さんの介護が手荒く、不愉快な思いをしているからです。そのことを言えない雰囲気が山西さんにあって伝えきれないため、黙ることで抵抗したのです。

　自分の思いを受けとめてもらえたなら、介護を受けてください。

　《利用者　浜野幸代さん》

　川村さんの介護のため、山西さんが居室に入ってきます。しかし、川村さんは黙ったままです。あなたに「どうしたのかしら、何か聞いていませんか」と尋ねてきますが、「さあー」とだけ答えてください。

　途中、坂井さんが入ってきて山西さんと交代します。坂井さんに尋ねられても「さあー、よくわからん」と答えてください。あなたは、川村さんが黙ったままでいる理由を知りません。

　《介護職員　坂井さん》

　川村さんの居室の前を通りかかったところ山西さんがイライラしながら川村さんに話し掛けています。どうしたのかと居室に入ってください。居室に入るタイミングは、山西さんが利用者の浜野さんに「どうしたのかしら、何か聞いていませんか？」と尋ねて期待するような答えが返ってこないため、少々イライラし始めた頃です。

　山西さんはあなたが居室に入ってくるのを見て「ちょうどよかったわ、よ

140

く分らないけど代わってくれる」と言って出ていってしまいます。

　この後、あなたはどうしますか。川村さんに声を掛けてください。あなたは、川村さんがナースコールを鳴らし山西さんが介助に入ったことは知っています。

　《観察者》
　各登場人物のシナリオをまったく知らないままこのロールプレイを見守ってください。
　後ほど行う演習課題の司会進行役となってください。

◆演習課題1（記録を書こう）
　このロールプレイのやり取りを記録として書いてください。それぞれのメンバー全員がこの場面での出来事を記録してください。全員が書き終わったら、各メンバーがどのような記録を書いたのかお互い見せ合ってください。メンバー同士で書かれた記録の内容について良かった点、改善点などを批評し合ってください。
　同じ場面を見ていても、それぞれの役割やメンバーによってずいぶんと書き方が違っていたのではないでしょうか。

◆演習課題2（利用者とのコミュニケーションを振り返ろう）
　山西さん役の人、坂井さん役の人、どのような声掛けを利用者に行っていたでしょうか。職員・利用者、それぞれ登場人物別にそのときの気持ちを話し合ってみてください。また、利用者への関わりとして気づいた点（良かった点、改善点）を批評し合いましょう。とくに坂井さん役の人、本章で述べた視点や技法がどの程度使えていたでしょうか。川村さんの思いを引き出せたでしょうか、無事川村さんの介護を行うことが出来たでしょうか。ビデオ撮影を行っている場合は、ビデオを再生しながら批評し合うととても効果的

です。自分の姿を客観的に見ることで、描いていた自己像と客観視した自己像の違いを認識でき新たな自分の発見にもつながります。

第３章のポイント

◎利用者支援を展開していくうえで職員と利用者の"関係"が重要である。この関係は、私的な関係ではなく、専門的な支援関係である。職員と利用者が共に信頼し合える関係作りが第一歩となる。職員・利用者双方向の関係、パートナーとしての関係作りを目指そう。

◎職員は利用者に"指示"する関係ではなく、"支持"する関係作りを目指そう。そのためには、利用者と共に過ごす時間を多く作り利用者を理解しようと努力しつづけることである。

◎職務分析を行って自分の業務を客観的に分析してみよう。

(1) どのような業務を行っているか。

(2) どの程度利用者と関わっているか。

(3) 利用者とどのような関わりをもっているか。

を調べることで、利用者支援の様子が分るうえ、今後の業務のあり方の基礎資料となる。

◎施設職員の専門性とは、介護、作業、生活援助といった日常的な業務の中にある。日々の日常的な場面の中で、利用者の健康状態や心理状態を把握したり、ニーズを確認することが出来る。これを意図的介入と言う。何気ない日常的な関わりの中にも専門的な関わりを意識してこそ施設職員の専門性が発揮出来るのである。

◎利用者とのコミュニケーションの時間を多く持つこと。時間

は作るものである。そして、職員間でそのことを認め合うことが大切である。

◎利用者と関わるとき、ひとりの人としての尊厳をしっかり自覚しよう。名前の呼び方、接するときの態度、話し方などもう一度チェックしてみよう。職員の接し方で利用者も変わる。

◎毎朝、鏡の前で笑顔チェックをしよう。

◎利用者の表面に出た問題ばかりに目を奪われるのではなく、利用者の意図する真意を読み取る必要がある。そこから利用者理解につながる。言葉によらないコミュニケーションからも利用者の意向をしっかり読み取ろう。

◎自分の姿をビデオで観察して利用者への接し方をチェックしてみよう。

◎記録をしっかりとろう。記録の意義や重要性を認識し、毎日コツコツと書き込んでいくこと。後に大きな財産となる。

引用・参考文献

小笠原祐次:「社会福祉方法論の1つの検討―レジデンシャル・ワークの試み―」『社会福祉研究』50号　1991

足立叡・佐藤俊一・平岡蕃共編:『ソーシャル・ケースワーク―対人援助の臨床福祉学―』中央法規出版　1996

岡本民夫・小田兼三編著:『社会福祉援助技術総論』ミネルヴァ書房　1990

平岡蕃・宮川数君・黒木保博・松本恵美子著:『対人援助―ソーシャルワークの基礎と演習―』ミネルヴァ書房　1988

植戸貴子:「身体障害者療護施設の入所者の高齢化と入所者処遇調査」『ホーリスティック社会福祉研究』創刊号　日本キリスト教社会事業同盟・ホーリスティック社会福祉研究所　p85～p94　1996

福島一雄:「施設処遇の専門性とは何か―児童養護の立場から―」『社会福祉研究』41号　p85～p94　1987

成清美治:「「専門職」としての介護福祉士―ケアワークとソーシャルワークの緊張関係の中で―」『ソーシャルワーク研究』19巻－2号　p61～p70　1993

津田耕一:「社会福祉施設における援助実践とは～身体障害者通所授産施設での職務分析を手がかりとして～」『社会福祉士』創刊号　p123～p128　1994

D.エバンズ他著、杉本照子監訳:『面接のプログラム学習』相川書房　1990

尾崎新:『対人援助の技法』誠信書房　1997

深田博己:『インターパーソナルコミュニケーション―対人コミュニケーションの心理学―』北大路書房　1998

白石大介:『対人援助技術の実際―面接技法を中心に―』創元社　1988

武田建・荒川義子編著:『臨床ケースワーク―クライエント援助の理論と方法―』川島書店　1986

諏訪茂樹:『援助者のためのコミュニケーションと人間関係（第2版）』建帛社　1997

春木豊：『心理臨床のノンバーバル・コミュニケーション』川島書店　1987

井上肇監修：『対人援助の基礎と実際』ミネルヴァ書房　1993

久保紘章・北川清一・山口稔編著：『社会福祉援助技術論』相川書房　近刊予定

久保紘章・副田あけみ編著：『ソーシャルワーク実践アプローチ』川島書店　近刊予定

武田建：『カウンセリングの進め方』誠信書房　1992

志水彰：『「笑い」の治癒力』ＰＨＰ研究所　1998

吉澤勲：『介護福祉士事例研究ハンドブック』時事通信社　1989

F.P.バイステック著、尾崎新・福田俊子・原田和幸訳：『ケースワークの原則［新訳版］－援助関係を形成する技法－』誠信書房　1996

渡部律子：『高齢者援助における相談面接の理論と実際』医師薬出版株式会社　1999

丸山一郎編著：『障害者福祉論』建帛社　2000

相澤譲治・津田耕一編著：『事例を通して学ぶ社会福祉援助』相川書房　1998

白澤政和・尾崎新・芝野松次郎編著：『社会福祉援助方法』有斐閣　1999

第4章

組織と人材育成

1 組　織

◆組織とは

　私たちは、利用者支援という共通の目的をもって、職員や利用者といった多くの人と協力しながら働いています。決して個人単位で仕事をしているのではなく、組織の一員としてそれぞれが役割を果たしながら仕事を進めているのです。私たちは施設職員であると同時に組織人なのです。施設には多様な職種があり、また、施設長、課長、係長、主任などの役職や一般職員といった階層に分かれています。この職種と職員階層が交差しながら施設が運営されているのです。

　そこで大事なのが"組織"です。組織とは、「一定の目的を持ち、人、モノ、金、情報、技術などの諸要素を関連させ、統合してその目的を達成するための行動を行っている（JST自己啓発教材）」集団を指します。複数の職員がそれぞれ役割を担い、協力、協調しながら目標に向かって活動していくのです。そして組織には、プラスアルファーの相乗効果の向上が求められています。複数の職員が集まると人数以上のパワーを秘めており、より大きな成果が発揮されることを期待されています。

　施設でも組織の重要性が認識されています。第2章、第3章では、社会福祉援助のあり方について述べてきましたが、ここでは組織のあり方について考えたいと思います。利用者支援という目的を持って組織は機能しているの

ですが、目指すべき目標とは、第1章で述べた施設（法人）の理念の達成であり、理念を具体化した事業計画なのです。

　ここで皆さんの施設では、どのような組織になっているか組織図を書いてください。そしてその組織の中で、皆さんがどこに位置するのかを確認してください。同じ施設の職員同士で書いた組織図を比較してください。同じ組織図になりましたか。同じ施設なのに職員によって組織図が異なっていたら問題です。入所施設や多様な事業を展開している施設は組織図が大変複雑になっています。多くの施設が組織図を作成しておられますが、もしまだ明確な組織図がないという施設があれば、施設としてきっちりとした組織図を作成することをお勧めします。

　施設によってさまざまな職制が敷かれていると思いますが、ここでは便宜上、施設長を上級管理職員、課長を中級管理職員、係長・主任を初級管理職員、新人職員や2年目の職員、中堅職員を一般職員としておきます。

◆組織での役割

　各職員は、組織の一員としてどのような役割を担っていけば良いのでしょうか。一般職員は、介護、作業、日常生活支援、事務、調理、医務といったそれぞれ与えられた業務を遂行して利用者支援を行います。それぞれの業務の専門性を備えています。また、組織の一員として、新人職員や2年目の職員は、組織の意味や原則、仕事の進め方、コミュニケーション、チームワーク、接遇といった社会人としての基本マナーを身につけます。中堅職員になると、問題解決、補佐と協力、後輩指導といった役割を担います。

　係長、主任などの役職に就くと、仕事の管理や部下の育成といった仕事や職員の管理業務が入ってきます。利用者支援については少し離れた立場で広い視野を持って携わっていきます。そこには、組織の原則をわきまえたリーダーシップが求められます。

課長や施設長クラスになると、施設運営や経営業務が入ってきます。利用者支援においても具体的な場面で関わるよりも包括的に関わっていきます。組織の理念、経営計画、意思決定、組織開発、危機管理といった施設全体の管理能力（総合判断力）が求められます。

◆求められる能力

施設職員として利用者支援を担っているなかで、各階層によって具体的な業務内容が異なっています。したがって、求められる能力も異なってきます。

次の図を見てください。一般職員は、利用者支援を日々の実践を通して直接担っています。日々の業務に関する専門知識や技術が多く求められますが、総合判断力はほとんど求められません。係長・主任クラスの初級管理職員になると、専門知識や技術は求められますが、徐々に総合判断力の占めるウエイトが大きくなってきます。日々の業務に関する専門的知識や技術も必要ですし、少し冷静な立場で、物事を判断する判断能力も求められます。

課長や施設長クラスは、施設の理念はどのようなもので、施設運営はどうあるべきか、施設はどの方向に向かっていくのかといった意思決定を含む総合判断力が強く求められています。課長や施設長クラスの中級、上級管理職員になると、日々の業務に関する専門的知識や技術はそれほど求められなくなり、総合判断力が大きなウエイトを占めるようになってきます。

利用者支援に関する知識や技術が管理職に不要だと言っているのではありません。利用者と接する度合いは低いため、日常的な専門知識や技術を要求されないということです。ただ、総合的に利用者を見る力は必要です。利用者支援をどう展開していくか（一人ひとりの利用者支援について考えていく場合と施設全体としての支援のあり方という両側面を含みます）という総合判断力や意思決定能力は強く求められますから、判断するための専門性は当然備わっていなければなりません。ある施設の施設長は利用者の名前をほと

んど知らないそうです。通りすがりに挨拶程度は交わすのですが、双方「あの人はだれ？」という関係だそうです。これでは、利用者支援の総合判断力が備わっているとは言えません。施設長も利用者とコミュニケーションを図っていくことはとても大切なのです。

　どの階層においてもほぼ一定のウエイトを占めているのが対人関係能力です。特に中級管理職員や初級管理職員にはこの対人関係能力は強く求められます。

　以下、各階層別に考えていきます。なお、中級管理職員と初級管理職員は、組織の要であり、重要な役割を占めることから、次節で詳しく述べます。

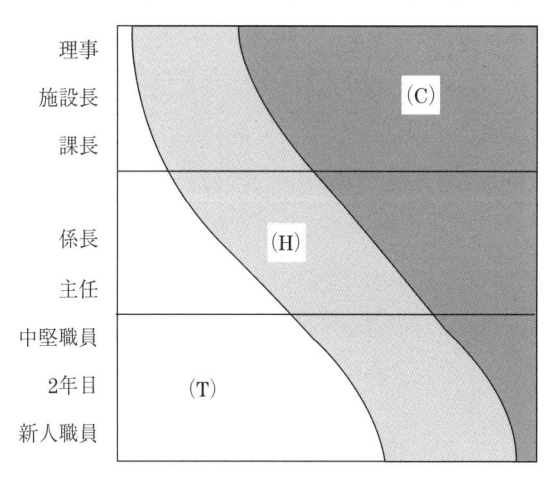

（T）：日々の業務に関する専門的知識や技術
（H）：対人関係能力
（C）：総合判断力

職員に求められる能力（人事院事務総局編「監督者の研修―JST基本コース指導参考書―」をもとに筆者が作成）

◆**新人職員**

新人職員は期待と不安のなか組織に入ってきます。社会福祉という新人職

第4章　組織と人材育成

員なりのイメージをもって能力を発揮したいという期待を持っていることでしょう。一方、利用者との関係、他の職員との関係、業務遂行能力、職場の雰囲気など自分が職業人として、組織人として仕事が出来るのかなど不安も多いようです。

　何事も順風満帆というわけにはいきません。辛いことや泣いてしまうこともあります。施設職員研修などで新人職員と話をしていると、多くの業務を覚えそれを実践していかなければならないため、混乱している職員を多く見ます。また、目の前のことに追われて広い視野で利用者支援が出来ていないと悩んでいる職員や職場の人間関係に悩んでいる職員も多くいます。

　新人職員の中には、先輩職員の派閥抗争に巻き込まれている人も多いと聞きます。自分の派閥に新人職員を取り込もうとしているのです。散々悪口を聞かされ、半強制的に同意させられ、「あなたも仲間よ」とされてしまうのです。このような場合、決して「そうですね」と言わないで「そうなんですか」と返答してください。同意したことになっていませんから大丈夫です。

　また、新人職員が△△した方が良いと思っていても、先輩職員が違う方法をとればそれが明らかに間違っていることであっても、先輩職員の手前どうすることもできないで心を痛めることがあります。このような時どうすればよいのでしょうか。

　ある施設の新人職員佐伯さんが利用者の介助を行う際、利用者の出来るところは自分でやってもらおうと時間をかけてでも見守りながら介助に入っていました。ところが先輩職員は、さっさと利用者の介助を行い、他の利用者の介助に入っています。「早くしないと時間に終わらない」と焦っています。佐伯さんは、このような介助は利用者の自立心を損なうのではないかと疑問を感じていましたが、先輩職員にそのことを話せずに、先輩職員に迷惑を掛けて機嫌を損ねてはいけないと思い、ついつい介助を行ってしまいます。佐伯さんは心が痛むのですが、どうすることも出来ません。

1　組織

　このとき、相談できる同僚や先輩職員、上司がいるかどうかが大きな分かれ目になります。一人で悩んでいないで、自分の思いを受けとめてもらえるだけでも随分と違います。あなたは相談できる職員がいますか。信頼出来る職員をぜひ見つけてください。私には誕生日が2週間しか違わない同期が同じ職場にいました。お互い相談し合い、触発し合ってきたように思います。彼がいたからこそ頑張れたこともあります。良きライバルで今でも付き合いがあります。私達は、同期の職員や先輩職員に励まされ、成長していくのです。

　先輩職員は見本であっても手本ではありません。悪い見本だってあるわけです。悪い見本は見習わないようにして、よい見本を手本としましょう。そして、いつまでも新人職員のときに抱いていた利用者主体の支援を忘れないでください。中堅職員や役職者になっても、当時大切だと思っていたことを実行してください。そうしないと組織は一向に改善されません。

　新人職員がすぐ仕事に慣れ、組織人として仕事が出来るというわけではありません。その一方で、フレッシュな視点を持っていることは事実です。そのフレッシュさを持ち続けてください。職場もそのフレッシュな目を謙虚に受け止めるべきです。

◆新人職員も一人前の職員

　新人職員といえども、仕事をする上では先輩や上司と同じ一人の職員なのです。新人職員だから介護が出来ません、面接が出来ません、外部機関と交渉は出来ません、ケース記録が書けません、利用者の支援計画が立てられません、行事計画が立案出来ません、といったことは許されないのです。仕事に就くと、即戦力なのです。大変な努力が新人職員には求められているのです。仕事をしながら仕事を覚えていくのです。失敗はあります。このとき、本人がそのことをどう自覚するか、周囲の同僚、先輩や上司が個人の問題で

はなく職場の問題として新人職員をどうフォローするかが問題です。後ほど述べるチームワークが取れているかどうかなのです。

近年の施設職員の採用傾向を見ていると、優秀な才能を持った職員を職場で育成するというよりも、即戦力になる職員を求めているように思います。学校出たての若い職員ばかりでなく、社会経験を有する人も多く採用されています。このこと自体悪いことではありません。ただ、職員としてまだ発展途上にあるのです。第1章で述べたように職員は"人財"です。社会経験保有者を含めて職場内でその施設（法人）職員として求められる人材に育成していかなければなりません。使い捨て職員ではなく、長期展望に立った職員採用を考えたいものです。

◆2年目の職員、中堅職員

仕事にも慣れ、目の前のことに追われていた生活から少し余裕を持って仕事が出来るようになります。職場全体を見渡すことが出来るようになります。要領も分ってきます。力を入れるところと手を抜けるところも身についてきます。しかし、慣れほど恐ろしいものはありません。利用者を主体とした仕事のあり方を模索していたのが気づかないうちに職員を主体とした仕事の進め方をしていませんか。日々のルーチンだけを消化していればそれで仕事が終わったと錯覚していませんか。

「慣れ」ということで考えると、仕事に対する無力感も生じてきます。いくら利用者主体の支援を行おうとしても限界がある、出来ないといった現実にさらされて無力感に陥ってしまうのです。「いくら上司にお願いしても、聞き入れてもらえない。もう言う気にもならない。どうしようもない」といった言葉がよくでてきます。疑問を感じながらどうすることも出来ないジレンマに陥り、仕事に対する意欲が失われていく時期でもあります。

新人職員のとき疑問に感じていたことが疑問と感じなくなったり、当然す

べきだと考えていたことが「面倒くさい」、「うっとうしい」と思うようになっていませんか。新人職員から、問題点を指摘されたとき、守りの姿勢に入っていませんか。そのような姿を新人職員は見ています。新人職員の疑問はあなたが新人職員のときに感じていたものではありませんか。謙虚に受け止めましょう。新人職員の良き手本となっていますか。悪い見本となっていませんか。

◆「上司が悪い」はあまりにも無責任

　仕事を進めていくうえで、上手くことが運ばなかったり、要求が通らないとき、「どうせやっても仕方がない」、「上司は何も分っていない、自分のことしか考えない」、と最終的に上司を悪者にしてあきらめてしまう風潮があります。こうなると職場全体が沈滞化してしまい、すべての責任を上司に転嫁してしまいます。いくら意見を言っても聴いてもらえない、取り上げてもらえない、守りの姿勢でしかない、などさまざまな不満があるようです。究極的には、職員にやる気が見られなくなり、日々の業務をダラリ（ムダ、ムラ、ムリ）と消化してしまいます。

　このような施設では、物事を何かにつけ否定的にとらえてしまい、悪循環に陥るだけです。「上司の指示がないから出来ない」、「それは上司のやるべきことだ」、「上司にはビジョンがない」といった不満が続発してきます。職員としてまったくやる気を感じられません。

　これでは組織として機能していきません。利用者が迷惑を被るだけです。私は「一つ上の仕事を心がけなさい」と教えられました。中堅職員であれば、主任・係長の立場に立って組織や仕事の進め方を見つめなさい、という意味です。こうすることで、自分の立場だけで物事を見るのではなく、より広い視野に立って仕事が出来るというのです。相手の立場を考えながら仕事を進めていくことはとても大切な視点です。

153

第4章　組織と人材育成

　上司に職場の問題を指摘したり、新しいアイディアを提案するとき、「これはするべきだ、なぜしない」と強く主張すると、上司は自分が責められていると思い防衛的になってしまいます。皆さんの主張が正論であったとしても、上司が責められていると感じれば話が進みません。

　自分の想いを上司に理解してもらうには、相談するような方法で話しかけることです。「〇〇についてどうしたら良いか悩んでいます。何か良いアイディアはないでしょうか」ともちかけることをお勧めします。また、新しい提案についても具体案を提示しましょう。言い放しで、具体案は管理職が考えるべきだ、と逃げるようでは発言の資格はありません。

　上司を批判するのは簡単です。しかし、それで終わってしまっては意味がありません。このような沈滞ムードをどう断ち切るかを考えていかなければなりません。人の責任にする前に、自分に今何が出来るかを考えましょう。上司とどうすればコミュニケーションがうまく図れるかを考えていくことが第一歩です。

　中堅職員のパワーは偉大なはずです。第2章で利用者のエンパワーメントについて述べましたが、職員もエンパワーしないといけないのです。職場の中で人数が最も多く、現場の実情を一番よく知っており、現場を実際に担っているのが中堅職員なのです。

◆施設長

　ある施設長が「施設長とは？」との問に「孤独なもの」と答えておられました。組織の役割としては的を射た答えだと思いました。施設の最高責任者は施設長です。すべての事柄において最終的には施設長が責任を負わなければなりません。「部下が悪い」と愚痴を言えば、その部下を管理している施設長自身の管理能力の未熟さを指摘されてしまいます。誰にも相談出来ません。辛い立場です。相当なストレスです。重圧に押しつぶされそうになりま

す。自分が責任を取れる範囲で仕事を進めようとします。だから、事故がないように、何事もないように、守りの姿勢に入ってしまうのです。

　しかし、これでは施設長の役割を果たしているとはいえません。ある施設で利用者が怪我をしたそうです。早速会議が開かれ善後策が練られました。そこの施設長は、再びその利用者が怪我をしないようにその利用者の周りに常に職員を配置せよ、と言うのです。利用者が怪我をした原因を十分考えずに対処療法的な再発防止だけを念頭においた取り組みに職員は猛反対したのですが、施設長は「私の立場を考えてくれ。私が責任を取るのだから」と言ったそうです。職員は施設長のために仕事をしているのではありません。

　利用者に怪我がなければそれで良い、といった守りの姿勢では本当の利用者支援は出来ません。職員を信頼し、職員に夢と働く意欲を持たせ、鳥瞰的な視点で将来を見据えるだけの度量を持って欲しいと思います。そのような施設長に職員はついていくのです。

　一方、仕事をてきぱきできる施設長ほど、自分で仕事を進めてしまいます。自分の思い通りに事が進まないと気がすまないのでしょうか。いつまでたっても部下に任せないのです。そうすると一向に後継者が育ちません。施設は施設長のものではありません。後継者を育てていく、これも施設長の重要な仕事なのです。

◆立場が変わればものの見方が変わる

　一般職員だったとき、経済効率よりも利用者支援を強調していた人が、管理職になって財務に関わるようになると、経済効率を強調し始めます。自分の意見と上司の意見が食い違い、上司の権限に従わざるを得ないことに不満を抱いていた職員が、管理職になると事あるごとに「これは業務命令だ」と権限を振りかざすようになります。

　人は立場が変わればものの見方が変わってきます。今まで見えていなかっ

たことが見えるようになるのですから当然のことです。しかし、問題は、今までの発言はどこに行ってしまったのかということです。利用者主体の支援を強調していたのに、職員による民主的な組織運営を強調していたのに、そのことをすっかり忘れてしまったのでしょうか。

今置かれている立場の重圧に押しつぶされそうになっているために、今の立場でしかものが見えていないのです。残念ですが、このようなタイプの管理職は多いと思います。すべての責任が管理職にかかってきますから仕方のないことかもしれません。しかし、それでは組織として機能しませんし、職員のやる気や信頼感が損なわれて良いチームワークが取れません。

このようなことを申し上げると、「今は昔と違う。じっくり取り組んでいられない」とか「いつまでも理想的なことばかり言っていたらつぶれてしまう」という言葉が返ってきそうです。しかし、何が違うのでしょうか。理想とすることを目指さないで何を目指すのでしょうか。もう一度考えてみる必要があります。理想と現実の間に大きなギャップがあることは誰もが承知していることです。それを踏まえての話です。環境変化の著しい時代にあっても、柔軟に対応できる体制こそが不可欠なのです。

管理職の皆さん、大変なご苦労だと思いますが、職員を信頼しつつ、若かった頃の思い、職員の思いを受けとめることが出来るよう自己研鑽していただきたいと思います。

管理職には権限があると同時に責任もついてきます。この責任とは、なにかあったときに後始末をするというマイナスの責任だけではありません。利用者の生活と権利を守る責任もあるのだということを忘れないでください。

組織におけるすべての最終決定は、施設長にあるのです。誤った方向に向かないよう、長期的展望に立った冷静な判断をお願いします。

2　組織の要のリーダー

◆リーダーの役割

　組織の中で要となっているのが、中級管理職員および初級管理職員です。中級管理職員あるいは初級管理職員がしっかりと現場を押さえ、施設長とのパイプ役を担っているところは組織がしっかりしています。その意味では、最も重要な位置にあるといえます。

　私は、事務系の職員を対象とした監督者養成研修JST（Jinjiin Supervisory Training）基本コースを受講しました。事務系管理監督者を対象としているものの、多くの管理監督者にも十分応用可能な内容です。施設では、中級管理職員および初級管理職員の役割を習得させることを目的とした研修プログラムです。ここでは、このJSTの内容をピックアップして中級管理職員および初級管理職員の組織上の役割について考えたいと思います。

　近年の傾向として、管理監督者という表現よりもリーダーという表現を用いています。一般職員も部下という言い方ではなく、メンバーと表現されています。本書でも、極力新しい表現を用いたいと思います。

　中級管理職員あるいは初級管理職員の立場でのリーダーとは、「一定範囲の責任と権限をもってメンバー（職員）を率いて仕事を進めていく立場の人」を指します。

　リーダーの基本的な役割は、上司、同僚、メンバーと関係を持ち、それぞれの関係を円滑に保ちながら連携しつつ組織の目標に向かって仕事を進めていくことです。上司の補佐、同僚との協調、メンバーの育成といった内容が含まれます。上司の意向をメンバーに伝えたり上司の代役を担います。他部署との連絡・調整やメンバーの声を上司に伝えることも重要な役割です。組織のなかで、上、横、下との関係をバランスよく保つ基点ともいえます。仕事で悩んでいるメンバーがいれば相談に乗ったりフォローする役割も担います。

第4章　組織と人材育成

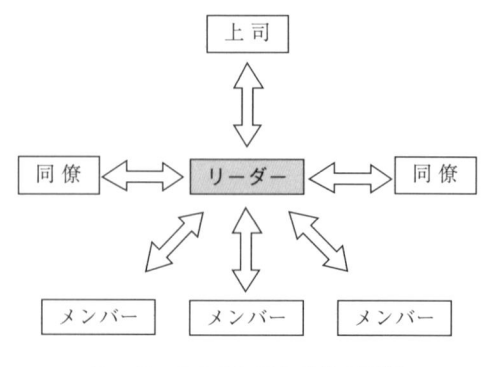

```
          ┌─────┐
          │ 上 司 │
          └─────┘
             ↕
┌─────┐   ┌─────┐   ┌─────┐
│ 同 僚 │⇔│リーダー│⇔│ 同 僚 │
└─────┘   └─────┘   └─────┘
          ↙  ↕  ↘
    ┌─────┐┌─────┐┌─────┐
    │メンバー││メンバー││メンバー│
    └─────┘└─────┘└─────┘
```

リーダーを中心に見た組織の関係

　リーダーとはリードする人という意味です。リーダーの主な職務は、メンバーを率いて仕事の目標を達成することです。つまり、メンバーを通じて仕事をすることです。この意味を考えてみたいと思います。

◆やる気を引き出す
　私がまだ新人職員だったときの出来事です。仕事を進めていくうえでどうしたら良いか悩んでいるとき、立ち話程度に上司（リーダー）に相談したのです。私は話を聴いてもらうだけで十分だったのでその場はそれで終わったのです。その日の夕方のミーティングで上司（リーダー）が「今、△△といった問題があります。みんなで考えよう」と問題提起したのです。私は突然のことで驚いたのですが、何気なく話したことでもきっちりと受けとめてくれ、その日のうちに、職場全体の問題として迅速に問題提起してもらったことにとても感銘を受けました。
　入ったばかりの新人職員の、しかも職場全体としてはそれほど大きくない問題だったにもかかわらず、話し合いがなされたのです。私は、職場における自分の存在感とともに「ひとりではない、みんながいる」と痛感しました。

また、私の得意とする領域についても上司（リーダー）から意見を求められ、その意見を採用していただきました。このとき私の上司（リーダー）は謙虚に受け止めたのです。「生意気なことをいう若僧」ではなく、職場のメンバーとしての私の話に耳を傾けてくださったのです。

　自分の存在を認めてくれる上司や同僚に囲まれ、能力を発揮させてくれる職場環境にあった私は、仕事への意欲が高かったと思います。仕事に関する色々な本を読んだり、自分で考えたり、遅くまで上司や同僚と話をしました。今考えてみると、この時期に社会福祉に関する自分なりの基礎が出来上がったように思います。

　こう考えてみると、施設が活気に満ちて利用者支援を真剣に考え取り組んでいくには、メンバーのやる気次第だと言えます。組織が成長していくとともにメンバー一人ひとりも成長していくのです。リーダーの仕事は、メンバーのやる気を引き出すことなのです。

◆メンバーの参画

　メンバーのやる気を引き出して仕事を進めていくということは、メンバーを仕事の過程に極力参加させるということです。上司からの一方的な命令や指示で仕事を進めるのではなく、メンバーと共にプログラムを立て、メンバーの考えを反映させていくことです。メンバーを積極的に参加させることで施設の目標が共有できます。

　上司からの指示や命令で与えられた仕事を遂行するのと、自ら立てた目標に向かって自分で考え業務を遂行するのとでは、仕事に対する動機づけが大きく異なってきます。第1章で述べた事業計画も同じです。管理職が立案した計画は、職員にとって遠い存在なのかもしれません。しかし、メンバー自らが参画して立案した計画は、メンバー自身の意見が反映されているのです。メンバーは事業計画を踏まえた実践を行うことでしょう。

第４章　組織と人材育成

　このときリーダーが気をつけるべき点をいくつか挙げておきます。
　　①メンバーに権限委譲する
　　②仕事の進捗状況を把握する
　　③メンバーが困ったときは支援出来る態勢を整えておく
　　④責任はリーダーが取る
　　⑤ほめる、励ますなど仕事への評価を忘れず行う
　リーダーは必ずしも一般職員（メンバー）に比べ日々の業務に関する専門的知識や技術に優れている必要はありません。確かに、介護（作業）知識や技術を多く身につけていることは重要ですが、そのことよりも、現場の第一線で働く職員が働きやすいように環境を調整することが本来の業務なのです。優れた介護（作業）知識や技術を備えている職員を育成したり、現に有している職員の才能を発揮出来るよう仕事の管理を行うのが業務なのです。ですから、日々の業務ですばらしい才能を有している職員がいるならば、その職員と張り合うのではなく、その職員の才能をさらに伸ばすようにすることがリーダーの仕事なのです。

◆一般職員からの脱皮
　一般職員で優秀だった人が主任・係長、課長、施設長へと昇進していく施設も多いと思います。人から評価される立場から、人を評価する立場に変わります。しかし、このことを十分理解していないと、いつまでたっても評価されることに専念してしまうのです。
　優秀なリーダーというのは、日々の業務をきっちり行う人ではなく、一般職員が働きやすいように仕事を進めていく人を指します。ところが、組織における業務内容が変わっているのに、いつまでたっても一般職員の気分が抜けきれていないのです。メンバーに任せるのではなく、何事も自分で進めてしまう人がいます。職員に仕事を教える方法の一つとして率先垂範という言

葉があります。上司自ら率先して手本を示すという意味ですが、これは意図的に行うものです。

また、昨日まで同僚だったのが、今日から組織上の上下関係になるのです。つまり、横の関係から縦の関係になるのです。気持ちの切り替えがスムーズに出来るかという問題があります。メンバーに良く思われたいという思いがあります。注意すべきことが言えないこともあります。メンバーはリーダーに評価してもらいたいのと同じように、リーダーもメンバーから良く思われたいのです。だから、厳しい関係が保てないという問題が生じてきます。

プロ野球で、「名選手必ずしも名監督にあらず」という言葉があるように、「優秀な職員必ずしも優秀なリーダーにあらず」です。私はある職員から次のような言葉を聞きました。「○○さんは、指導員としては尊敬するが、上司としては失格だ」。つまり、この人は、リーダーでありながら人に任せられないのです。自分でやらないと気がすまないのです。だから、メンバーからそのような評価を下されるのです。リーダーの役割をしっかり認識する必要があります。

◆メンバーの声を拾い上げる

リーダーはメンバーが働きやすいように環境調整することだと言いましたが、そのなかでもメンバーの声を拾い上げて採用したり、上司に伝え施設運営に反映させていく役割は非常に重要です。現場の第一線で利用者と関わっているメンバーが最も利用者に近い存在です。そのメンバーの意見こそ重視すべきなのです。

上司の意向をメンバーに伝え組織を動かしていく方法をトップダウン方式と言います。これに対して、メンバーの意向をくみ上げ組織活動に反映させていく方法をボトムアップ方式と言います。ボトムアップ方式を重視した組織は民主的で職員のやる気を倍増させます。

第4章　組織と人材育成

「メンバーはいったい何を考えているのやら」、「出来もしないことばかり言われても…」とあきらめずに、どんどんメンバーからアイディアを引き出しましょう。そして、メンバーに言い放しにさせるのではなく、具体的な計画書を作成させて現実的なレベルで話を進めると、メンバーも真剣に取り組むことでしょう。

このとき注意すべきことは、メンバーからの批判的な意見も謙虚に受け止めることです。都合のいい話は聴くが、都合の悪い話は受け付けないとなるとメンバーはリーダーに話をしなくなります。「どんどん意見を言って欲しい」と言っても、聞く耳をもたないのでは意味がありません。立派なリーダーや管理職とは、自分にとって耳の痛い意見でも退けず謙虚に受け止め、独りよがりにならない人を指します。上に行けば行くほど自分にとって都合の良い話しか耳に入ってきません。裸の王様にならないよう気をつけてください。

耳の痛い意見でも退けない

リーダーはまったく現場に入らないということではありません。先ほどの図でも示されているように、リーダーは現場を押さえつつ客観的な判断力が求められるのです。したがって、現場はメンバーに任せきりというのではな

く、要所要所を押さえたりメンバーが欠けているとき代行できる役割もきっちり担っていきます。

◆メンバーへの仕事の提供形態

メンバーの勤務年数や成長度、あるいは仕事の難易度に応じて仕事の指示の仕方が変わってきます。経験の少ないメンバーには、具体的な指示や指導が必要です。いきなり何事も任せてしまうのは危険が伴います。説明し、手本を見せ、やらせてみて、評価することを通して仕事を覚えていくのです。そして、少し熟練してくるとメンバーとの共同参加型による仕事の割り当て法をとります。一方、熟練したメンバーに事細かに指示や指導を行うとメンバーのやる気を損なってしまいます。仕事を依頼したメンバーの主体性を尊重し、任せることが大切です。つまり、そのメンバーに権限を委譲するのです。「君のことを信頼している。好きなようにやってください。責任は私が取る」という関係こそが重要なのです。このとき、管理職やリーダーの方針があればきっちり伝えておきましょう。その方針にそってメンバーは仕事を進めていくことでしょう。

一方で、リーダーにもいろいろなタイプの人がいます。どのようなメンバーに対しても相対的に同じような仕事の提供形態を示す傾向があります。つまり、指示型のリーダー、共同参加型のリーダー、委任型のリーダーです。皆さん、あるいは皆さんのリーダーはどのタイプでしょうか。

いずれの形態であれ、メンバーの功績はメンバーの努力のおかげ、メンバーの失敗はリーダーの監督不行き届きといった責任をとりましょう。これをメンバーの功績はリーダーの功績にしてしまい、メンバーの失敗をメンバーの責任として押し付けるようなリーダーは本当のリーダーではありません。

第4章　組織と人材育成

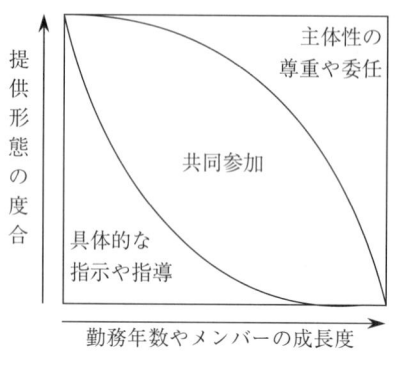

メンバーへの仕事提供形態

◆ほめることの大切さと難しさ

　かつて、メンバーに「自分のやっていることが良いのか悪いのか分らない」、と言われたことがあります。メンバーの参画を基礎に置きつつも、新人職員には具体的な指示や評価が必要なのです。出来ていないところを指摘することは不可欠です。そのことを改善してもらわなければなりません。しかし、出来ていないところを指摘するよりも、出来ていることをポジティブに評価することの方が大切なのです。

　人間は、周囲の人に評価されて欲しい存在なのです。評価の方法は色々な考え方があります。給与を上げる、昇任・昇格させる、責任のある仕事を任せるなどさまざまです。しかし、日々の業務のなかでひとこと声を掛けることも重要な評価になります。メンバーがきっちり仕事をすれば"ほめる"ようにしましょう。上司からほめられることほど嬉しいものはありません。このことがメンバーにとって大きな自信につながっていくのです。

　ほめるときの注意点を申し上げておきましょう。まず、恥ずかしがらずにほめることです。心からほめることです。メンバーの能力の程度に応じてほめてください。遅刻をよくする職員の遅刻がなくなったらそれはほめるに値

することです。遅刻しないのは当然だ、など思わずほめてください。しかし、遅刻をしたことのない職員に遅刻をしていないことでほめてもほとんど意味がありません。その職員が努力して出来ているところを見つけてほめることです。

　すぐにほめましょう。忘れた頃にほめてもあまり効果はありません。しかし、まったくほめないよりはましです。一貫して何度も何度もほめましょう。具体的に何がどうよかったかをしっかり伝えてほめましょう。「よかったよ」だけでは何がよかったのかわかりません。「今の利用者への対応法で、利用者が感情的になって君のことを非難していたのに、謙虚に利用者の言い分を聴き、利用者も落ち着いてきた。しっかり利用者の気持ちを受け止めていたと思うよ」、と言えば冷静に利用者の話を聴いていたこと、利用者の気持ちを受け止めていたことへの評価だと分るわけです。そのとき、「利用者に△△と言ったね、あの言葉、とても良かったよ。あの言葉を聴いてとても利用者も落ち着いたよ」とか「利用者の話を聴く態度、具体的には△△といった態度はとても利用者を包み込むような印象を受けたよ。利用者も聴いてもらえたと思っているよ」といえば、より具体的になるでしょう。

　ほめる、というのは、与えられた仕事をやり遂げたときや利用者との関わりにおいて良かったときといった仕事の成果が発揮出来たとき以外にも心がけましょう。メンバーの良さや長所について、仕事への努力や工夫といった取り組み姿勢についても折に触れてほめるように心がけておきましょう。

　人をほめるというのは理屈で分っていても実践するのはとても難しいものです。意識的にほめる訓練をしましょう。

　私が以前勤めていた法人のある施設長はとても職員をほめるのが上手なのです。ごく自然な形で職員の業務の内容を見たり、報告を受けているときにほめ言葉が出てくるのです。ある職員がなぜそんなに人をほめるのが上手なのですかと尋ねたそうです。するとその施設長は、「職員は良くやってくれ

ていると思うから自然とほめ言葉が出てくる。そして私も幼少の頃から周囲の人にほめられて嬉しい思いをしたので、そのことが自然と身についているのかもしれない」とおっしゃっていたそうです。ごく自然にメンバーをほめることが出来るとすばらしいリーダーになれると思います。

◆ 目立たない職員こそ評価に値する

職員には色々なタイプの職員がいます。目立ったところで仕事をする職員、目立たないところでコツコツと仕事を進める職員もいます。この目立たず縁の下の力持ちとして仕事をしている職員の働きを見過ごしてはいけません。きっちり評価すべきです。目立たないところで仕事をする職員がいるから、目立つところで仕事をする職員が目立てるのです。職員間でもそれぞれ役割を担っていることを忘れないようにして下さい。

◆ メンバーの心をつかむ

メンバーのやる気を引き出すためには、メンバーがいまどのようなことを考えているのか、どのような気持ちでいるのかを把握することです。仕事のことで悩んでいてもそのことをリーダーに打ち明けられないメンバーも多いのです。メンバーの言動やしぐさなどからもメンバーの気持ちや置かれている状況を察知して心配りをしておくことも必要です。直接メンバーから聞き出さないほうがいいときは、他のメンバーを介してより詳しく情報を収集しましょう。他のメンバーには悩みを打ち明けているかもしれません。打ち明けていなくとも異変を感じているかもしれません。ときにはプライベートな悩みにも親身になって相談に乗ることも必要です。このようにメンバーの悩みを真剣に受け止めていくことが求められます。

リーダーとしてメンバーのことは分っていると思っているととんでもないことになります。最悪、信頼していたメンバーに裏切られたと思うことだっ

てあります。

　リーダーはメンバーに「いつでも気軽に相談して欲しい」と言っていてもメンバーは必ずしもリーダーを身近な存在と感じていないかもしれません。なかなか言い出せないことも多くあるのです。これを誤解してメンバーは何ら不満もなく一所懸命働いていると勘違いしてしまうのです。メンバーがリーダーに感じている距離はリーダーがメンバーに感じている距離よりもずっと遠いかもしれません。

　常にこのことを踏まえ、メンバーの立場を理解するよう努めましょう。

3　組織に見るコミュニケーション

◆組織でのコミュニケーションの重要性

　第3章で利用者とのコミュニケーションの重要性、意味、具体的な技法について述べました。組織の一員として仕事をしていく上で職員間のコミュニケーションも重要です。コミュニケーションの技法は相手が誰であれ十分応用可能です。職員間のコミュニケーションでも第3章で述べた技法を活用してください。

　ここでは、組織におけるコミュニケーションの方法について説明します。コミュニケーションとは情報伝達や意思疎通といった意味があります。つまり、仕事をしていく上で職員間の情報、ものの考え方や感情を共有するという意味です。コミュニケーションが円滑に図れないと業務が滞ってしまいます。逆にコミュニケーションが円滑に行われていると職場環境や職員の人間関係にも良い影響を及ぼします。このコミュニケーションは、人間の体でいえば、神経や血液の働きをしていると言われています。体の隅々まで行き渡って体の機能を維持しているのと同じで、コミュニケーションも組織の隅々

第4章　組織と人材育成

まで行き渡って組織を維持しているのです。

◆コミュニケーションは難しい

ところが、この職員間のコミュニケーションが上手く出来ていない施設が多いのです。「私は聞いていない」、「いつ誰が決めたの？」、「急に言われても」、「そのような説明はなかった」などといったことはありませんか。あるいは、「伝えた」、「聞いていない」といった水掛け論にまで発展してしまいます。さらに、話し手の意図する通り聞き手に伝わっていないことだってあります。職員間で情報が周知徹底しないのです。このことが原因で人間関係がこじれてしまうこともあります。

入所施設ではローテーション勤務であるため、一人の利用者に多くの職員が関わります。しかも職員が一堂に会することはありません。こうなると利用者に関する情報が伝わったり伝わらなかったりします。あるいは、情報が伝わるのが遅くなります。

そうすると、職員によって介護の方法や関わり方が異なってきます。責任の所在も不明瞭です。職員によって対応法がまちまちになると利用者は大変困惑します。また、投薬、食事の変更、検温の必要性といった突発的な出来事にも機敏に対応していかねばなりません。このような事態に「聞いていない」では済まされないのです。

◆ホウレンソウ

仕事を円滑に進めていくためのコミュニケーションの方法として「ホウレンソウ」と呼ばれているものがあります。これは、「報告・連絡・相談」を略した言葉です。今井繁之氏は「報告・連絡・相談」を次のように説明しています。

「報告」とは、「職務上の事柄について、その経過や結果などを関係者に知

らせること。命令・指示・依頼されたものに対しての結果報告と、必要と考えたことを適宜、自発的に報告するものである」。

「連絡」とは、「報告と似てはいるが、自分の意見はつけ加えず簡単な事実情報を関係者に知らせること」。

「相談」とは、「自分が判断に迷うようなとき、上司・先輩あるいは同僚に参考意見やアドバイスを聞くこと。上司の指示が若干不明確でどうしたら良いか分らない時、方向、進路を確認すること」。

◆ホウレンソウの仕方

タイミングを考えます。ホウレンソウを受ける人が忙しそうにしているときに話し掛けても相手はあまり聞く耳を持ちません。時間のあるときを見計らったり、「手が空いたら時間をとってください」と伝え聞いてもらえそうな機会を作ります。

タイミングを逃さないことです。「後でやろうと思っていた」では問題が生じてしまいます。悪い内容こそ早く伝えましょう。とかく伝えにくいことは後回しになってしまいます。しかしそうすると問題は膨れ上がるばかりでどうにもならないことも出てきます。いつまでも一人で抱えているのではなく、早く伝えたほうが機敏な対応が可能です。

相手に何を伝えるのか明瞭に、正確に、分りやすく、簡潔に伝えることです。曖昧な伝え方は誤解を生じることになります。伝えるべき内容をあらかじめ整理しておきましょう。

口頭だけでなく、メモを渡すなどホウレンソウを受ける人が後で確認できる工夫をしましょう。とくに複雑な内容や複数の項目の場合、口頭で聞いただけではすぐ忘れてしまいます。

事実とホウレンソウを行う人の意見や憶測を区別することです。そうしないと意見や憶測を事実としてとらえてしまい、誤解のもとになります。

第4章　組織と人材育成

「ホウレンソウ」はタイミングを逃さずに

　結論を先に伝えてから経過説明を行います。ホウレンソウを受ける人は結論が聞きたいのです。だらだらと経過説明をしていると、「そんなことは後でいいからどうなったのだ」と叱られます。

　こまめにホウレンソウを行いましょう。リーダーはメンバーからのホウレンソウを待っています。「リーダーが聞いてこない」、ではなくメンバーから積極的に行いましょう。

　連絡事項・申し送り事項などは所定の用紙を用意し、それに記入し回覧出来るようにしておきます。このとき、記録者は第三者が見ても理解出来るよう分りやすく簡潔に記入することを心がけましょう。

◆ホウレンソウの受け方

　メンバーが話しやすい雰囲気を作りましょう。いつも忙しそうにしていたり、イライラしているとメンバーは話しづらくなります。どうしても忙しいときは、「××になったら手が空くのでそのとき時間をとりましょう」と明確に伝えてください。

　あるいは時間があるときにメンバーに声を掛けてみるのも一策です。「メ

ンバーから報告してくるものだ」と頑なに構えるのではなく、受け手から誘い水を掛けてみましょう。

　よく聴いてください。話の途中で即断してしまい最後まで聴かないことがあると、誤った理解をしてしまいます。ホウレンソウを行う人が不愉快な想いをします。聞き上手になることです。

　メンバーからのホウレンソウの内容が事実なのか意見や憶測なのか、伝えられた内容を十分識別しながら聞いてください。早とちりは大きな誤解につながります。

　ホウレンソウの内容を聞いて怒ったり感情的にならないようにしましょう。冷静に聞きましょう。そのうえでメンバーに注意すべきことは注意しましょう。

　メンバーがホウレンソウの内容についてどう考えているのか、その考えを上手く引き出すようにしましょう。「そのことについてあなたはどう思いますか」、「どうしたらよいと思いますか」と問い掛けてみましょう。メンバー自身の考えを整理するうえでも大切なことです。

　ホウレンソウの内容を全面的に否定したり小馬鹿にした態度をとらないようにしましょう。伝えに来たメンバーは一所懸命考えてきたはずです。否定的な態度は不信感と自信喪失につながります。

　内容の確認を行うようにしましょう。双方理解し合えているかを確かめることは誤解をなくす近道です。また、必要に応じてメモをとるなど内容を留めておきましょう。

　最後にメンバーへのねぎらいを忘れないようにしましょう。ホウレンソウを受ける機会が増えることでしょう。

◆話しにくい職員には意図的に話し掛けよう

　職場に話しやすい雰囲気があると自然とコミュニケーションも円滑になり

第4章　組織と人材育成

ます。ちょっとした出来事でもお互い情報交換が出来ます。風通しのよい職場で、メンバー間で情報が共有出来ているところです。ところが話しやすい雰囲気がないと最低限伝えなければならないことしか伝えなくなります。こうなると、職員間で円滑なコミュニケーションが図られているとはいえません。必ず行き違いが見られますますギクシャクしてしまいます。

　また、特定の職員とは自由にコミュニケーションが取れていても別の職員には事務的な連絡しかしないとなれば、これも同じようにギクシャクした関係になってしまいます。「○○さんには伝えているのに、私には何も言わない。どういうつもりなのかしら」と、双方疎遠になってしまいます。

　話しやすい職員、そうでない職員がいることは事実でしょう。しかし、仕事を進めていくうえでコミュニケーションは非常に重要です。ぜひ普段から円滑なコミュニケーションを心掛けてください。

　話しにくい、という職員には意図的に話し掛けることを心がけてみてください。相手も決して不快には感じないはずです。話し掛けてくれれば嬉しいものです。このことを繰り返していくと、相手も話し掛けてくれるようにな

話しにくいからといって…

ります。そうすると自然なコミュニケーションが出来るようになります。「あいつが話し掛けてくるまでは絶対話しない」など片意地を張っているとますます気まずい関係になります。

◆命令系統一元化

 職員に直接指示を出せるのは、その職員の直属の上司だけです。組織図をもう一度見直してください。組織図で上司でない人から指示が下りてきたり、他部署のリーダーから指示があると混乱します。ひどい場合は、他部署のリーダーの指示に従い、自分の上司の指示には従わないといったことも起こっています。何のための組織なのか分りません。

 命令系統一元化という言葉があります。命令系統をはっきりさせることは、組織運営上非常に重要なことです。

 実際、直属の上司が不在で待てないときもあります。そのようなときは、直属の上司（リーダー）の上司から指示を出すようにしましょう。そして必ず、指示を出した人は指示を出したことをリーダーに伝えてください。指示を受けたメンバーは指示があったことをリーダーに伝えてください。いわゆる事後報告です。これを怠ると感情レベルで問題が大きくなります。

4　チームワークとリーダーシップ

◆職場のチームワーク（職員の"和"でなく利用者支援の"輪"を）

 チームワークといえば、職場のメンバーが仲良く仕事をしていると思いがちですが、そうではありません。仲良しグループはチームワークの取れている職場ではありません。メンバーとの関係を重視するあまり本来の職業人としての関係が薄れてきます。仕事の達成よりもメンバーの"和"を大切にし

第4章　組織と人材育成

てしまいます。

　他の職員が利用者支援で明らかに誤った方法を取っていてもそれを指摘することが出来ません。利用者支援に有効であると分っていても他のメンバーが反対したり負担がかかるようなことであれば意見がいえません。こうなると利用者支援というより職場の和を保つために仕事の計画を立ててしまいます。これがエスカレートすると仕事中正々堂々と職員間でプライベートな話が飛び交います。食事介助をしているとき、利用者そっちのけで「今度の休みはどこへ行こうか」と大声で楽しそうに話している光景が眼に浮かびます。

　チームワークとは、「皆が同じような考え方で同じ方向や目標に向かって一緒に動いていることを指すもの」(福祉職員研修テキスト基礎編)と言えます。「福祉職員研修テキスト基礎編」にチームワークに関する内容が掲載されていましたので、少し長いのですが紹介します。みなさんの職場のチームワークを思い浮かべながら職場のチームワーク状況を振り返ってください。

利用者そっちのけ

4　チームワークとリーダーシップ

チームワークが取れている状態は
どのようなことか：チームメンバーが共通の目標意識を持っており、全体としての一体感がある。コミュニケーションが良く、葛藤が起きても感情的対立まで至らない。全員が自分の仕事の目標を明確に認識しており責任を持って仕事をしている。職場内で取り決められたことを皆が守り、決定にも参画できる。お互い助け合う相互援助の気風がある。

チームワークが高まると
どのような効果が生まれるか：相乗効果が生まれ組織目標や課題が効果的に達成される。連帯感が高まり、人間関係が促進される。人との触れ合いが多くなり、孤独感から開放される。組織やチームに対する安定感が生まれる。目標や課題達成のプロセスで生きがい、働きがいが生まれる。一人ひとりの能力が生かされるため、創造力が高まる。

どのようなことが
チームワークを乱すか：特定の個人が逸脱した行動をとる。チームの目標達成に協力せず自分の関心事を優先させる。チームのメンバーが異動したり、新しい人が入ってくる。チーム内に派閥ができる。目標が不明確であったり、数が多すぎる。過去の慣行や慣例が根強く残っており、それに制約される。

第4章　組織と人材育成

> リーダーの力量不足。リーダーシップの欠如。会う時間が少ない。活動の時間がとれない。リーダーの独断性が強く、メンバーの意向を聞かない。

いかがだったでしょう。チームワークが良いというのは、ある程度メンバー間に緊張関係が求められます。お互い良い意味で刺激し合いながら甘えを許すことなく、しかしお互い助け合いながら目標を目指している職場といえます。職員の"和"を優先するのではなく、利用者支援の"輪"を広げていきましょう。

◆あるケース会議

仕事を進めていくうえで情報の共有化や物事を決めていくのに会議があります。会議とは、「特定の問題や課題を解決するために、その問題や課題に関連する人が集まり、種々の意見や情報を積極的に交換し、共通の理解の下に意見の一致を図り、それを実行に移すために開かれる会合」(福祉職員研修テキスト指導編)とされています。会議には情報伝達会議、決定会議、問題解決会議、発想会議など色々な種類があります。

ここでは、ある特別養護老人ホームでのケース会議を例に考えてみます。

近頃利用者の山村さんの身体機能が低下し、より多くの介助が必要になってきました。山村さんは元来がんばり屋だったので、極力職員の手を借りずに自分で出来ることは自分で行いたいという希望を強く持っていました。しかし、そうするとトイレに間に合わなかったり、転倒して怪我をする心配も出てきたため、どう支援すべきかについて話し合われています。

参加者は、新人職員、担当職員(勤務3年目)、先輩職員A(勤務5年目)、先輩職員B(勤務7年目)、主任(このケース会議の司会者で勤務9年目)、事務職員(勤務7年目)、施設長、以上7名。

担当職員：山村さんは自分でやろうとなさっているし、極力見守っていきたいと思います。

先輩職員Ａ：私も、トイレに間に合わなくて失敗すると職員の負担が増えるけど、山村さんの気持ちを考えると職員が先に介助してしまうのは自立心や自尊心を損なうことになると思います。

先輩職員Ｂ：そんなこといっても、失敗した下着をタンスの中にしまい込んで不衛生だし、転倒して怪我でもしたら大変だわ。そんなことになったら、誰が責任取ることになるのかしら。

施設長：利用者にはくれぐれも怪我がないようにお願いします。怪我されると大変なことになりますので、よろしくお願いします。

担当職員：転倒する場所は大体決まっているので、職員が気をつけてみていればいいと思います。また、その場所を通りかかったときは、少し介助をすれば良いと思います。汚れた下着をタンスにしまい込むのは良くないと思いますが、山村さんも失敗した恥ずかしさがあって隠していると思うので、自尊心を大切にしたいと思います。

先輩職員Ｂ：そんなことしたら他の仕事が出来ないじゃない。ただでさえ忙しいのに、ずっと山村さんばかり見ていられないわ。第一、汚れた下着だっていつかは洗濯しないといけないのだから、さっさと洗ってしまった方が効率的だし、衛生的だわ。それにこの前なんか、汚れた下着をトイレに流そうとして水があふれ出て大騒ぎになったじゃない。余分な仕事が増える一方だわ。

先輩職員Ａ：Ｂさんの言っていることはよく分るけど、担当職員の意向もあるし、山村さんの自尊心を尊重するという意味からも見守ってあげましょう。トイレに下着を流すのは良くないと思う

177

第4章　組織と人材育成

　　　　　のでそれは注意すべきだと思います。でも、山村さんだって職員に悪いと思ってとっさにトイレに流そうとしたのだと思います。そのようなことをしなくてもいいんだ、という雰囲気を醸し出すことが大切だと思います。転倒する場所は事務所から見えるところだから、事務の方にも少し気を配っていただいたらどうかしら。
事務職員：それは困る。事務も毎日残業続きで忙しいのに、これ以上仕事が増えるともうお手上げです。
施設長：そんなに残業しているのかね。経費節減のため、なるべく残業を少なくして欲しいのだが……。
事務職員：こんな会議に出ている時間があれば、本来の事務仕事をしたほうがよほど仕事ははかどるし、残業をしなくて済むのです。おまけに利用者のことで事務所に仕事を押し付けられたらたまったものではない。
先輩職員Ａ：押し付けるだなんて……。ただ、気をつけてみて欲しいと言っただけなのに……。
施設長：とにかく山村さんに怪我がないように、職員が残業することを極力なくして最小の経費で最大の効果が出るようにしてください。

　施設長のこの一言で沈黙が続いてしまいました。この後、ケース会議はどうなっていくのでしょうか。それとも施設長の最後の発言でケース会議は終了してしまうのでしょうか。
　新人職員は一言も発することが出来ませんでした。もしあなたがこのケース会議の司会進行役だったらどうしますか。
　施設長の発言は重いのです。たとえ利用者支援と掛け離れていたとしても、施設長に最終権限があるとなれば、無視できない発言です。反論しにくいかもしれません。こうなるとメンバーから意見が出なくなり、活発なディスカ

ッションが出来ません。

　事務職員はケース会議に参加すること自体否定的にとらえています。また、介護職員間でも意見が分かれています。各参加者それぞれの立場での発言ですが、どれも尤もな発言です。

　現に山村さんは失禁し、汚れた下着をタンスにしまい込んでいるのです。そして、転倒の恐れがあるのです。問題を先に引き延ばすわけには行きません。利用者の意思を尊重したケース会議が続けられるのでしょうか。職員や施設の都合を優先させてしまうのでしょうか。

　このような状態では、どのような結果になっても職場として統一した支援が出来るのかどうか疑問です。たとえば、仮に山村さんの意思を尊重した関わりをしようと決まっても、参加メンバーがそのことを十分納得していなければ、しばらくするとそれぞれバラバラな対応になってしまいます。ある職員はさっさと介護を済ませたり、タンスにしまい込んである汚れた下着を見つけたら洗濯に出してしまうことでしょう。別の職員は、山村さんの意思を受けとめ表面上は何もしないといった関わりをするでしょう。これでは本当の支援とはいえませんし、何のためのケース会議か分りません。

　多様な価値観をもった職員集団を一つにまとめていくことは大変なことです。

◆会議の留意点

会議を進めていくうえで大切なことをいくつか整理しておきます。

≪司会進行役の留意点≫
　◇問題の本質を探るためにも、すぐ結論を出さず、突っ込んだ意見交換が出来るようにする。
　◇メンバーの意見を要約・確認することで、焦点を絞っていく。これによって問題の本質（議題の中心課題）が明確になる。

第4章 組織と人材育成

◇発言者が偏らないように、すべてのメンバーが意見を言えるよう配慮する。意見の出ないメンバーにはタイミングを見計らって意見を求める。
◇議論が本題から外れてしまうことがある。「議論を本題の○○に戻しましょう」と本題に戻す。
◇担当職員の意向を尊重しつつ、公平的な立場で会議の運営を行う。
◇司会者自身の意見を前面に押し出さない。メンバーの意見の調整役である。
◇意見が分かれたとき、各発言者の意見を十分に聞いたうえで、リーダーとして方向性を示す。一方的に押し付けたり、中途半端に言い放しのままで終わらせない。各部署、立場、考え方によって意見が異なることも多い。目指すものは、利用者の抱える問題を軽減し、利用者ニーズを充足することである。常にその原点に立ち返りながら話を進めていくこと。各職員の意見を聞きながら調整するが、どうしても意見

こんな職員いませんか

がまとまらないときは、最終的にはその場の責任者が判断して決定する。

◇担当職員の批判、あるいは利用者の問題がクローズアップされるような話の展開にしない。あくまで、前向きな支援の方向性を見出すよう努める。

◇会議の結論を明確にし、最後に確認しメンバーに周知徹底する。

≪メンバーの留意点≫

◇だらだらと話をしない。意見はまとめて要点を話す。

◇一人で独占しないこと。自己主張ばかりしないこと。他のメンバーの意見も聞くようにする。途中でさえぎったり、すぐ感情的になり反対意見を言い返すようなことは厳に慎むこと。

◇まったく意見を言わないメンバーもいる。他人任せになってしまっている。率直な意見を述べることで考えの相違を共有できるのである。

◇自分の意に添わない結果となっても、会議の決定事項を守ること。「納得しないことには従えない」というのはあまりにも身勝手である。議論を尽くしての決定事項を守らなければ組織として成り立たない。

◇会議が終わってから陰でグチグチ言う職員がいる。正々堂々と会議の場で発言すること。

以上の点をしっかり押さえて会議に臨みましょう。

会議はタダではありません。複数の職員が一定時間集まるわけですから、当然経費がかかります。時給〇〇〇円の職員が〇人集まり2時間となれば、いったいいくらでしょう。莫大な経費をムダにしないよう効果的な会議を進めましょう。

◆問題意識をもって仕事に取り組む

どの職種、階層にかかわらず、常に問題意識をもって仕事を行ってくださ

第4章　組織と人材育成

い。今の仕事の進め方、仕事のあり方はこれでいいのか、もっと改善できるところはないのかといった現時点での問題提起があります。一方で、将来を見据えて問題を見ていかなければなりません。将来起こりうるであろう問題にどう対処していくのかということです。また、より効果的な仕事を進めていくためにどうすべきかを将来構想として考えていくことも重要です。

活性化した組織とは、従来の形式、習慣や伝統にとらわれることなく、今の職場の問題を認識しその問題を真正面から取り組み、解決していこうとするエネルギーと行動力をもった職員が、目標に向かってチームワークをとって活動している組織をいいます。コミュニケーションのところで述べたように、リーダーは職場内でメンバーが自由に意見を言えるような雰囲気づくりを心がけましょう。組織として何か新しい課題に取り組もうとしているときは、メンバーのやる気が高まります。自由にかつ活発に意見交換できる職場は、活気があり創造的な発想も生まれやすくなります。

現状に甘んじてはいけません。利用者支援のあり方はこれでいいのだろうか、常に疑問をもちながら組織として改善を目指す、そのような職場を目指したいものです。

◆リーダーシップ

リーダーシップとは、「チームのメンバーが協力して組織目標を達成するように仕向けるリーダーの働き」とされています（JST基本コース自己啓発教材）。つまり、「目標に向けて人を動かす力、相手に与える影響力」がリーダーシップなのです（福祉研修テキスト指導編）。仕事の機能を向上させることとメンバーの関係機能を向上させるという両方のバランスを保たなければなりません。

メンバーの関係機能が低く、仕事の機能も低いリーダーシップではなく、メンバーの関係機能も仕事の機能も高いリーダーシップのあり方が理想とさ

れています。

　上級管理職員のリーダーシップとは、「メンバー個人のみならず、メンバー集団、つまり組織全体を動かすリーダーシップが必要」（福祉職員研修テキスト管理編）になってきます。

　リーダーシップを発揮するために必要な事柄をご紹介します。常日頃、何が問題なのか、何が重要なのかをしっかり押さえておきます。物事の重要性や緊急性を把握し、仕事の優先順位を明確にします。必要な情報や意見を十分収集し、正確な分析・検討を行います。メンバーの能力や意向を十分理解しておきます。周囲の状況や世の中の動向をしっかり把握しておきます。決断の時期を逃さないようにします。

　めまぐるしく変化する環境下にあって、環境変化に柔軟に対応できるリーダーシップを身につけておくことが求められています。いつまでも従来通りのやり方を踏襲していたのでは、時代の変化についていけません。クリエイティブな発想が求められるのです。従来の固定観念や枠に縛られない自由な発想をもちましょう。そこから新時代に対応できる戦略が生まれるのです。

5　人材育成と職員研修

◆人材育成と研修ニーズ

　利用者支援を目指した組織作りを行うためには、職員の能力を常に向上させていく必要があります。人財である職員を大切に育てていくために、職員の研修は欠かせません。求められている職員の到達レベルと現在のレベルとの差を埋めるもの、それが研修ニーズです。研修ニーズは、施設や法人が感じていること、研修を受ける職員が感じていること、両側面あります。

第4章 組織と人材育成

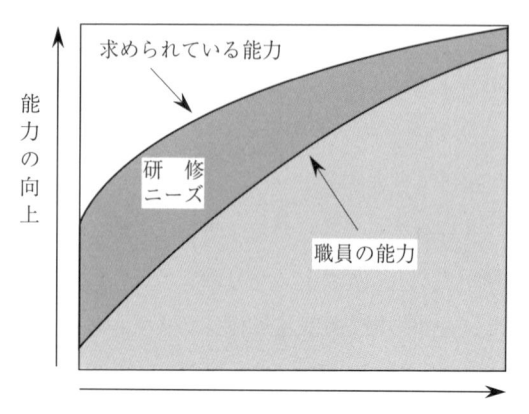

```
能力の向上 ↑
    求められている能力
    研修ニーズ
    職員の能力
  →勤務年数や組織における立場
```

研修ニーズ

　施設職員の主な研修ニーズの枠組みとして、社会福祉に関する基本理念や動向、利用者支援の価値・視点や技法、各施設種別や職種固有の知識や技術、組織に関することがあります。具体的には、めまぐるしく変わっていく社会福祉の動向や制度、コンピュータに関する知識や技術、利用者とのコミュニケーション技法、ケース記録作成法、仕事の進め方、組織におけるそれぞれの立場での役割などがあります。

　研修では、単なる知識や技法だけを修得するのではなく、社会福祉の基本理念や利用者の権利や主体性といった根幹の部分もしっかり学ぶ必要があります。知識や技法はこの根幹部分に積み上げてこそ活かされるものです。土台がしっかりしていなければ、すぐに崩れてしまいます。これはすべての職員に共通するテーマです。

　職員の能力向上には、求められる能力と現在の能力を十分把握し、研修ニーズを設定していかなければなりません。たとえば、組織に関することでいえば、階層に応じて求められる能力は異なってきます。それぞれの階層に必要な能力を身につけるための研修が必要なのです。

研修は、上級管理職にも欠かせない重要なものです。施設長だから学ぶものは何もないと思っていたら大きな間違いです。激動する社会福祉情勢をもっとも敏感に正確にキャッチする必要があります。また、何を大切にしていかなければならないかをじっくり分析しなければなりません。そして施設長は何を目指してどこへ向かうのかを判断しなければなりません。誤った方向へ向かわないよう、本質と現状を踏まえた総合判断力を養う研修に貪欲に参加していただきたいと思います。

◆研修形態

研修形態は大きく3つに分類できます。

OJT（On-the-Job Training）：職場のリーダーが本来の仕事を通じて、または仕事に関連させつつ、メンバーを指導・育成する研修を言います。つまり職務を通じての研修です。

Off－JT（Off-the-Job Training）：職務命令のもと、一定期間日常業務から離れて職務の一環として行われる研修を言います。職場内の集合研修と職場外の研修に参加する形態があります。各施設で行われている新人職員研修や講師を招いて講演会を開くといった研修は代表的な職場内集合研修です。社会福祉協議会や施設が属する団体（たとえば、知的障害者福祉協会）が主催する研修は職場外研修となります。つまり職務を離れての研修です。

自己啓発支援：職員の自主的な自己啓発活動を職場として支援することで

第4章　組織と人材育成

す。自主勉強会のための会場提供、経費や時間的な支援があります。あるいは資格を取得するための通信教育の支援もあります。

◆Off－JT

施設職員を対象にした研修は実に多くの団体や機関の主催のもと行われています。また、社会福祉、施設という狭い範囲に限定せず、社会人一般を対象とした研修も多様化し、広い意味で研修に参加している職員も多く見受けられます。大変良いことだと思います。

私は、施設職員を対象とした研修を企画、立案、実施する研究所に属しており、階層別に社会福祉に関する基本理念や動向、利用者支援の視点や技法、組織に関する研修、および直接利用者と関わる職員の利用者支援専門研修に携わっています。Off－JTです。Off－JTは、その道の専門家に講師をお願い出来るため、多くの知識や技術が学べます。その一方で、研修で学んだことが現場で活かされているかどうかというフィードバックは出来ません。

そこで、実践に活かせるよう、職場で問題となっている事柄についての事例研究やロールプレイなどの演習を多く取り入れた受講生参加型のプログラムを作成しています。また、同じメンバーが1年あるいは数年に渡って継続的に研修を受けられるような形態にしています。これによって、ある程度フィードバックが可能になります。さらに、宿泊研修を取り入れることで、じっくりディスカッションが出来たり、メンバーの思いを共有することが出来ます。これらの研修を通して、日々の実践に活かせる視点は見出せると思います。

講義を中心とした知識を与えられる研修も不可欠です。しかし、極力受講生が考える機会を提供する研修も重要です。また、他の受講生の施設での取り組みや考えを聞くことで新たな視点も見えてきます。

受講する研修ばかりでなく、体験する研修もあります。他の先駆的な取り組みをしている施設などに現任研修として一定期間入っていく方法です。実際の実践を直接体験出来るため、大変効果的です。参考になるところを皆さんが勤めている施設に取り入れれば良いのです。施設同士職員を交換して現任研修を取り入れてはいかがでしょう。双方、良い風通しになると思います。

◆OJT

　しかし、Off－JTで学べることは、一般的な原理原則です。これをどう実践していくかは各職場に委ねられているのです。せっかくOff－JTで色々な知識や技術を身につけても、学んだ原理原則を日々の実践に活かしていかなければ研修で学んだ意味がないのです。日々の仕事を進めていくうえでOJTは、大変重要な働きをします。

　利用者支援の視点や技法、組織に関することは各施設固有の進め方があります。Off－JTで学んだ原理原則を踏まえ、各施設固有の利用者支援のあり方や組織機能を体系化していくためにも、職場の現実的な問題に対応していくためにも各職場のリーダーによる指導や助言のもと実践に即した研修(OJT)が必要なのです。Off－JTとOJTは、補完関係にあり、両者を上手く組み合わせていくことが重要です。各職場でOJTが上手く機能しているかいないかで人材育成が大きく左右されると言っても良いでしょう。

　OJTというと、何か難しいことを言っているように聞こえますが決してそのようなことはありません。今現在、皆さんが行っておられる後輩やメンバー育成をもう少し系統的に整理して行うだけで十分効果は上がります。

　厳密には、職員ごとに身につけて欲しい能力を設定します。そして現在の能力と求められる到達レベルの差を明確にし、その差を計画的に埋めていくのがOJTです。そのために各職員への研修ニーズをはっきりさせることが必

要となります。新人職員や2年目の職員には大切なことです。施設の理念・沿革や運営方針、組織の原則、仕事の進め方、接遇、電話応対、ケース記録などの文章の書き方、稟議書など書類の書き方、施設固有の業務（介護技術・作業技術など）、利用者との関わり方など共通した内容で到達レベルもある程度明確です。

しかし、3年目以上の中堅職員になると、現実的には漠然とした到達レベルはあっても明確なものまで出来ません。本来は各職員についてどのような職員に育って欲しいかを明確にすべきですが、現実的にはそこまで到達していないようです。

そこで、次のような機会にOJTを意図的に用いてみましょう。新たな仕事を与えるとき、重要な仕事を任せているとき、メンバーが問題意識を持っているとき、メンバーが自分の能力開発の方法などを考えているとき、以上メンバーが何かをしようとしているときです（JST基本コース自己啓発教材）。

また、仕事上、悩んでいるときや戸惑っているとき、利用者との関わりで悩んでいるときや誤った対応をしているときなどにも有効です。このOJTは、後に述べるスーパービジョンと重複しています。

方法は、説明する、手本を見せる、やらせてみる、評価するといったプロセスを経て行います。要は、メンバー自らやる気を引き出すことです。

◆理論と実践の調和

施設の現場で「理論と実践はちがう」という言葉を時々耳にします。学校で学んだ理論や研修で学んだ原理原則は実践現場では役に立たないというのです。ある側面では正しいかもしれません。しかし、非常に偏った見方です。社会福祉援助は、実践から生まれたものであり、それが理論化されたものです。そしてその理論が実践に活かされ、新たな理論が生まれているのです。そう考えると、理論と実践は大いに関係があるのです。理論なき実践は単な

る「経験」にすぎません。実践なき理論は、机上の空論です。学校や研修で学んだ理論が即現場で活かされないかもしれませんが、理論が現場でどう活用出来るのかを考えながら仕事をしていると、いつかきっと実践に役立ちます。社会福祉の専門家である皆さんには、ぜひとも理論を実践に結びつける働きをお願いします。そのことが利用者支援に大きく近づくことになるのです。

◆スーパービジョンの必要性と意味

「スーパービジョン」という言葉をよく聞かれると思います。この言葉はなにか曲者のように思いませんか。言葉としてはよく聞くのですが、実態がつかめないのです。ここでは、施設におけるスーパービジョンについて考えたいと思います。

新人職員、2年目の職員、中堅職員、いずれも仕事を進めていく上で悩みを抱えていることでしょう。他の職員との関係で悩んでいる職員は多くいます。また、利用者支援について、利用者との関係の持ち方、今後の支援の方向性についても悩みを多く抱えています。最悪、職員が辞めてしまう事だってあります。あるいは、誤った対応を行っていてもまったく気づいていないかもしれません。このような時必要なのがスーパービジョンなのです。

スーパービジョンの目的は、施設の方針に従って利用者支援のあり方を模索することを通して、利用者に最適のサービスを提供し支援の向上を目指すことであり、職員の人間としての、そして支援者としての成長を目指すことにあります。スーパービジョンとは、職員が持てる力量のなかでいかに利用者を効果的に支援出来るかを教育、援助していく過程、と言われています。つまり、専門家養成過程なのです。

スーパービジョンを行う人のことをスーパーバイザーと言います。スーパービジョンを受ける職員のことをスーパーバイジーと言います。

第4章　組織と人材育成

　スーパービジョンは、スーパーバイザーが一方的にスーパーバイジーを監視したり、締めつけることではありません。また、スーパーバイジーの抱えている問題に対してすぐに答えを出したり代行することでもありません。スーパーバイジー自身に考えさせ、その気づきを尊重し、行動に移すことが出来るまでを見守ることなのです。そこにスーパービジョンの専門性があるのです。

◆施設でのスーパービジョン
　ではいったい、誰が、どのように行うのかという問題があります。施設には職員配置基準がありますが、専門的なスーパーバイザーを配置するような規定にはなっていません。新人職員や2年目の職員には毎週1時間から1時間半のスーパービジョンが必要だといわれています。しかし、実際このような定期的なスーパービジョンを受けた職員はほとんどいないのではないでしょうか。施設では、スーパービジョンが必要であるという認識は高いのですが、実施の度合いとなると低い結果が出ています。スーパービジョンそのものが施設には根づいていないのです。最大の問題は、スーパーバイザーのなり手と経費です。
　スーパービジョン体制を確立する方法はいくつかあります。現場を踏まえたスーパービジョンが出来る専門家に依頼する方法、スーパーバイザーとして専門の職員を配置する、上司や先輩職員がスーパーバイザーを兼ねる方法です。それぞれ、長所短所があります。
　専門家に依頼する場合、より広い視野での助言が得られ、利用者支援を包括的に考えることができます。一方、日常的な利用者の生活や職員との関わりを観察していないため、記録やスーパーバイジーからの報告だけで判断しなければなりません。ときには的外れなことに陥る危険性もあります。また、外部からの依頼ですので、経費がかかるうえ継続的に関わってくれるスーパ

ーバイザーのなり手が見つかりにくいかもしれません。
　スーパーバイザーとして職員を配置する方法は、その施設でのスーパービジョンを専門に行う職員であるため、専門的かつより実践的にスーパービジョンを行うことができます。一方、組織の人間でありながら、命令系統には属さないという位置にあるため、組織での役割は不明瞭になる恐れがあります。また、配置基準外の職員であるため、経費がかかります。
　職場の上司や先輩職員がスーパーバイザーを兼ねる場合は、利用者や職員の普段からの生活を把握しやすいので実践的なスーパービジョンが可能です。一方、スーパーバイザーの専門性が問われます。必ずしも高度な専門性を備えているとは限りませんので、利用支援の方向性が限定されたり行き詰まったりします。現在、スーパービジョンを行う立場にある職員がスーパービジョンを受けていないのですから無理はありません。また、命令系統の中にあるため、施設の運営管理の目的に使用されたり、職員の勤務評定につながり、労使関係に問題が生ずる恐れがあります。

◆リーダーがスーパーバイザー

　どのスーパービジョン体制をとるかは各施設の判断によりますが、上司や先輩職員がスーパーバイザーを兼ねるのが現実的です。なお、上述の労使関係の問題を回避するために、施設長よりも中級管理職員や初級管理職員がスーパーバイザー役として適任です。ところが、先ほど述べたようにスーパーバイザーである上司が系統だったスーパービジョンを受けておらずスーパービジョンの意味そのものすら理解出来ていないのが実情です。いくら管理能力が問われるといってもいきなりスーパーバイザーの役割を求められても困惑することでしょう。誤ったスーパービジョンが展開されていることだってあります。
　しかし、「出来ない」といってはおられません。日々の仕事は動いていま

第4章　組織と人材育成

す。利用者の関わりや支援の視点について相談を受けているはずです。ケース記録の書き方についても助言をしていかなければなりません。スーパーバイザーがまったく何も出来ないというのでは話になりません。新人職員、2年目の職員が十分なスーパービジョンを受けずに育ってくると、いつまでたっても同じことの繰り返しです。

　スーパーバイザーとしての資質を向上するために必要なのが、スーパーバイザーの養成です。スーパーバイザー養成の研修を受けることをお勧めします。単発的な講義ではなく、継続的なスーパービジョン研修でないとほとんど意味がありません。

　あるいは、一定期間わずかでも専門家に入ってもらってスーパービジョン体制を確立することも可能です。基本的なことを修得したうえで実践し必要に応じ、要所要所を専門家に押さえてもらう方法です。

　いずれにせよ、職場にスーパービジョン体制を確立していく土壌がなければ出来ません。施設長の理解と職場にスーパービジョンを受ける環境を醸し出すことが不可欠です。スーパーバイザー役の職員がスーパーバイザーとしての自覚がなかったり、一般職員もスーパービジョンを受けることの意味を理解していなければ効果的なスーパービジョン、すなわちOJTが実施されません。スーパービジョンの必要性を十分認識し、利用者支援を行ってください。

◆支持機能のスーパービジョン
　笹倉さんは、身体障害者福祉ホームで生活しながら、日中は身体障害者授産施設を利用しています。生活費を自分で管理することが難しいので信頼のおける知人に生活費を管理してもらっています。必要なときに決まった範囲内でお金を受け取りに行き、毎月の生活費を調整しています。笹倉さんの生活費のほとんどは、飲食費とパチンコなどの娯楽費です。生活も不規則で、

夜遅くまで飲み歩いて受け取った生活費をすぐに使い果たしてしまいます。生活費が足りなくなり、友人に借りるようになりました。二日酔いで施設を休むことも多くあります。

　授産施設の担当職員である藤村さん（2年目の職員）は、笹倉さんの不規則な生活を正すべく支援計画を作成しました。帰宅時間を決めたり、飲酒量を決めたり、生活費を有意義に使うため衣服を購入するなどいくつかの計画を立てました。笹倉さんは、反発するわけでもなく、「そうや、そうや」といって同意するのですが一向に改まりません。

　藤村さんはリーダーにそのことを相談しました。このときリーダーは、藤村さんの計画が少々一方的で笹倉さんは心底納得していないと感じていたのですが、ここでそのことを藤村さんに話しても藤村さん自身が納得出来ないだろうと思い、しばらく様子を見ることにしました。とりあえず、何もかも笹倉さんの生活面で改善を求めることは無理だから一つひとつ考えていくことにしました。藤村さんは一所懸命笹倉さんと話をするのですが笹倉さんの生活は改善されません。挙句の果てに笹倉さんは藤村さんを避け始めたのです。藤村さんは相当悩んでいました。

　藤村さんとリーダーは何度も笹倉さんの生活について話し合いをしました。リーダーは、藤村さんの意向を尊重しつつ、笹倉さんに無理強いをしないよう舵取りを行いました。ある日のことです。藤村さんは、「私のこれまでの笹倉さんへの支援は笹倉さんを管理することばかり考えていたように思います。もっと笹倉さんの気持ちを尊重すべきではないかと思うようになりました」とこれまでの自らの支援のあり方を見直したのです。笹倉さんが自らの生活を管理できるように支援していたつもりが、職員が笹倉さんを管理しようとしていたことに藤村さんは自ら気づいたのです。

　リーダーは、藤村さんの支援の方向性に最初から疑問を持っていました。しかし、その時点でいくら藤村さんを説得しても聞く耳を持たないと感じて

いました。藤村さんが笹倉さんを説得しても表面的には理解出来ても実質が伴わないのと同じです。藤村さん自身が納得しないと意味がないと判断していたのです。少々回り道をしたかもしれませんが、藤村さん自身が気づき納得した以上、笹倉さんの意思を尊重しつつ、笹倉さんの気づきを促す支援を考えていくことでしょう。

このとき、スーパーバイザーである上司は、とくに何かをしたというわけではありません。藤村さんの意向を尊重しつつ、気づきを促していったのです。藤村さんを支持しながらのスーパービジョンです。

◆息の長い研修を

人財である職員の育成は、一朝一夕に出来るものではありません。長い時間とお金と労力を要します。研修成果がすぐ表れるわけでもありません。息の長い取り組みが必要なのです。「こんな研修出るくらいなら仕事していた方がましだ」と研修そのものに消極的な場合があります。あるいは上司が「研修でいったい何を学んできたんだ」とメンバーを嘆いている場合もあります。

研修効果というのは実務研修を除いては知らず知らずのうちに徐々に身についていくものです。すぐ効果が表れないからと真っ先に予算が削られてしまいます。中途半端に形式的に研修に参加することが最も非効率的です。しかし、本当に必要な研修を選定し、じっくりと取り組んでいけば必ず効果は上がるものなのです。ぜひ、人財である職員の育成を長期的展望に立って考えていただきたいと思います。

第4章のポイント

◎施設では利用者支援という目的を持って"組織"として仕事が進められており、各職員がそれぞれ役割を担っている。

◎施設にはいくつかの階層に分かれた職制が敷かれている。それぞれの階層に応じて職務内容が異なっており、求められる能力も異なっている。一般職員は、利用者と関わる日々の業務能力が高く求められている。初級管理職員は、少し離れた立場で利用者支援に携わる。また、職員の育成や仕事の管理といった管理業務が入ってくる。中級管理職員や上級管理職員は、施設運営や経営能力が求められる。利用者支援のあり方や施設の目指すべき方向性を左右する総合判断能力が強く求められる。対人関係能力はどの階層においても求められる能力である。

◎施設長は施設の最高責任者である。権限と責任が裏腹にある。なにかあったときの後始末の責任だけでなく、利用者の生活と権利を守る責任もある。

◎組織の中で要となっているのが、初級管理職員や中級管理職員である。これらの人たちはリーダーと呼ばれ、組織を実質的に動かしている人たちである。仕事が円滑に進むために、上、横、下との関係を図りながら、活気のある職場作りを行っている。

◎とりわけリーダーに必要なのは、メンバー（一般職員）の育成である。メンバーのやる気を引き出して利用者支援という目的を達成していくのである。リーダーはメンバーが働きやすいように調整しメンバーの能力を発揮させることがその主たる業務である。そのために、メンバーを仕事の過程に極力

参加させて、メンバーの声を拾い上げながらボトムアップ方式で仕事を進めていくことが望ましい。
◎メンバーをほめよう。リーダーから評価されることほど嬉しいものはない。メンバーの良いところを見つけて心から自然体でほめることが出来るリーダーになろう。
◎利用者支援と同様、組織においてもコミュニケーションは重要な要因である。コミュニケーションが円滑に行われているところは、職場の人間関係にも良い影響を及ぼし、効果的に仕事が進められる。
◎コミュニケーションの方法として「ホウレンソウ」を有効に活用しよう。
◎仲良しグループとチームワークは別である。利用者支援という目的に向け職員間で助け合うことである。職員間の"和"ではなく利用者支援の"輪"を広げよう。
◎利用者支援を目指した職場作りを行うためには、職員の能力向上が欠かせない。研修ニーズをしっかりつかみ、Off-JT、OJT、自己啓発をしっかり行おう。Off-JTとOJTは補完関係にある。Off-JTで学んだ原理原則を実践で活かせるようOJTを計画的に実施しよう。
◎理論や原理原則を実践に結びつけてこそ実践が活きてくる。
◎一般職員にはスーパービジョンが不可欠である。職場の上司がスーパーバイザーになる場合は、上司がスーパーバイザーとしての力量を身につけることが先決である。そして、職場全体にスーパービジョンを根づかせよう。
◎人材育成は時間、労力、費用がかかる。すぐに効果が表れるものではない。息の長い研修を考えていくべきである。

引用・参考文献

「福祉職員生涯研修」推進委員会編：『福祉職員研修テキスト―管理編―』全国社会福祉協議会　2000

「福祉職員生涯研修」推進委員会編：『福祉職員研修テキスト―指導編―』全国社会福祉協議会　2000

「福祉職員生涯研修」推進委員会編：『福祉職員研修テキスト―基礎編―』全国社会福祉協議会　2000

今井繁之：『頭を使ったホウ・レン・ソウ』日本実業出版社　1998

人事院研修指導課編：『人事院式監督者研修（JST）基本コース自己啓発教材（よりよきリーダーを目指して）』社団法人人事院管理協会　2000

人事院事務総局編：『監督者の研修―JST基本コース指導参考書―』社団法人人事院管理協会　1992

寺澤弘忠：『OJTの実際』日本経済新聞社　1989

桐村晋次：『人材育成の進め方』日本経済新聞社　1996

鈴木伸一：『社内研修の実際』日本経済新聞社　1996

相澤譲治・津田耕一編著：『事例を通して学ぶ社会福祉援助』相川書房　1998

相澤譲治・津田耕一編著：『事例を通して学ぶスーパービジョン』相川書房　2000

久田則夫：『「伸びる」職員実践教室―保健福祉の職場が変わる仕事術―』医歯薬出版株式会社　1999

津田耕一・植戸貴子：「ホーリスティック社会福祉研究所研修評価調査報告」『ホーリスティック社会福祉研究』第3号　p94～p118　1998

植戸貴子・津田耕一：「キリスト教社会福祉施設職員研修ニーズ調査」『ホーリスティック社会福祉研究』第4号　p67～p92　1999

荒川義子編著：『スーパービジョンの実際―現場におけるその展開のプロセス―』川島書店　1991

スーパーバイザー養成研修委員会：『スーパービジョンの理論と実際―平成7年度

197

社会福祉施設主任指導員研修実施報告―』全国社会福祉協議会中央福祉学院　1996

山崎美貴子編著：『社会福祉援助活動』岩崎学術出版社　1998

福山和女：「スーパービジョン体制の必要性と課題」『児童養護』第38号2巻　p21～p24　1997

福山和女：「スーパービジョン研修の現状と課題」『ソーシャルワーク研究』第75号　p4～p9　1993

第5章

これからの社会福祉施設

1 多職種協働

◆施設は一社会資源

　これまで、利用者支援について施設の中でどう取り組むべきかについて述べてきました。しかし、利用者支援は施設の中だけで完結するものではありません。施設は、利用者支援を行うひとつの社会資源にすぎません。ここでは、利用者支援をより広い角度から考えていきます。

　利用者支援は社会福祉の領域だけでは担い切れません。教育、心理、医療、保健、労働、社会保障、建築、通信など実に幅広い領域と関連しています。また、同じ社会福祉の領域の中でもいろいろな専門家が関わっています。さらに、利用者の生活を考えていくと、専門家といわれる人たちの支援だけでは不十分です。家族、地域住民、友人、ボランティア、当事者の団体といった人たちも非常に大きな役割を担っています。むしろこのような専門家でない人たちこそ利用者の生活を支えているといえます。

◆非専門家パワー

　通所施設の利用者は、地域のなかで生活しています。いざというときに、最も役立つのは隣近所の住民です。助け合える関係が出来ているかどうかです。行政が対応できるサービスには限界があります。商店街で買い物をしていると他の店で買ったものも合わせて配達してもらえる、ごみの日にはごみ

を持っていってもらえる、おかずを多く作ったからとお裾分けしてもらえる、「困ったときはいつでも声を掛けて」と言ってもらえる、その人に必要な情報を伝えてくれる、そのような関係こそが重要なのです。このようにインフォーマルな社会資源との関係を上手く築いていくことをソーシャル・サポート・ネットワークといいます。

　いくら制度が整っても、休日や夜間帯にはすぐに対応出来ないかもしれません。いざというときに役に立つのがこういった専門家以外の人たちなのです。近隣住民との関係が取れないと地域での生活が困難となってしまいます。

　私が以前勤めていた通所施設の利用者でも、家族が亡くなってしまったために利用者が地域で生活出来なくなってしまった例がいくつもあります。わずかの支援があれば、地域で生活出来るのですが、そのわずかの支援が得られないために入所施設に移行せざるを得ないのです。利用者本人の身体的機能の低下といった理由ではなく、家族が亡くなるという環境の変化によって生活そのものが大きく変わってしまったのです。家族が生きている間に、もう少し利用者と近隣住民との間に関係が取れていたら状況が変わったのではないかと悔やまれます。

　利用者支援を考えるとき、利用者のエンパワーメントが必要だと言いました。近隣住民と関係が作れる、ボランティアを上手く活用出来るよう利用者自身のエンパワーメントを目指した取り組みはここでも重要なことがお分りいただけると思います。

◆他機関との連携

　利用者にとって、施設で生活するというのはどのような意味があるのでしょうか。一人ひとり異なっていると思います。次の生活へのステップにしている利用者、就労のための訓練の場ととらえている利用者、地域へ戻るまで

の生活の場ととらえている利用者、余生を過ごす場ととらえている利用者、さまざまです。

　いずれにしても施設を利用している間は施設での生活になります。生活上、さまざまな問題やニーズが生じてきます。非常に多様で複雑な問題も多くあります。これらすべてを施設で対応していくことは無理があります。それぞれの専門領域に任せるべきです。たとえば、医療に関することは医師や看護師から情報を収集しなければなりませんし、施設での生活を伝えることで医療的処置にも反映してもらわなければなりません。また、就労に関することであれば、職業安定所や職業センターといった機関との連携は欠かせません。

　その中にあって、利用者の生活をもっとも把握している施設が、各専門機関と利用者を結びつける役割を果たしているのです。そして、利用者の生活全体を見ていくのです。各専門機関や団体を上手く活用し、包括的な支援を心がけましょう。

多職種協働

第5章　これからの社会福祉施設

◆家族の協力は強力
　利用者支援を展開していくうえで家族の協力は欠かせません。家族はさまざまな想いで利用者を施設に「預けている」ことでしょう。入所施設であれ通所施設であれ、それぞれ事情があります。親亡き後のことを考えて、家庭崩壊寸前の状態で、将来の自立生活に向けて、など家族にも事情があります。
　施設利用後の協力関係もさまざまです。連絡を密にとっている家族、ほとんどお任せ状態の家族、面会には来るが施設に注文をまったくつけない家族、事細かに注文をつける家族、などこちらもさまざまです。
　入所施設にとって、面会によくきてくれるが施設に注文をつけない家族が最も協力的な家族となっているのかもしれません。しかしそれは大きな間違いです。家族は利用者を施設に「預けている」と思っているのです。したがって、言いたいこともじっと我慢しているのです。これを家族は施設の提供するサービスに満足していると勘違いしないでください。家族はどのような想いでいるのかを把握しておく必要があります。
　利用者にとって家族はいい意味でも悪い意味でも大きな存在なのです。毎週面会に来るはずの家族が面会に来なかった週は落ち着かないという利用者も多くいます。家族が来る日は朝から玄関で待っているという利用者も多くいます。「今、家族が大変だからしばらく施設に入っている、きっと家族が迎えにきてくれる」と思っている利用者も多くいます。家族を想い涙している利用者も多くいます。一方、家族に見捨てられたと自暴自棄になっている利用者もいます。
　利用者支援には家族の存在が大きく影響しています。家族を支援の中に巻き込むことが出来るかどうか大きな分かれ目になります。当然家族からの相談にも乗っていかなければなりません。
　「家族が最も利用者のことを分っていない」、「自分の身内のことしか考えていない」、「普段はほったらかしなのに、事が起こったときだけ責任を追及

してくる」、「財産目当てに面会に来る」、「利用者を見捨てたくせに」など否定的な印象を抱いている職員も多いかもしれません。しかし、先ほども述べたように家族にはそれぞれ事情があるのです。また、一部の特殊な家族をもって家族の印象を普遍化してしまうことも問題です。

　利用者支援を展開するうえで家族はより良きパートナーなのです。家族と施設も対等な関係なのです。パートナーシップが図れるよう、家族と強力な協力関係を築いていきましょう。

2　地域に根ざした施設

◆利用者が地域住民になりうるか

　「地域に根ざした施設」という言葉をよく耳にします。これは、施設が人里離れた山奥に建設されたり、たとえ街中にあっても地域との交流がほとんどなく閉鎖的になっているという反省のもとノーマライゼーション理念を実現すべく、掲げられた言葉です。各施設では、必ず地域とのつながりについて考えています。

　バザーを開催したり、施設の設備を地域住民に開放したり、地域の行事に施設として参加したり、自治会活動に職員が参加しているところもあります。地域に密着した施設作りを目指しています。このこと自体大変な努力でとても大切なことですが、利用者支援という視点から考えると、施設と地域のつながりだけでは不十分です。

　重要なのは、利用者一人ひとりが地域とどの程度つながっているかということです。市民である利用者が本当に施設のあるその地域の住民になりえているのかということです。いくら地域と施設に深いつながりがあっても、利用者とのつながりがなければ本当の意味での地域に根ざした施設とは言えま

第5章 これからの社会福祉施設

せん。

◆幼なじみと将棋

　私がある調査のために1週間ほど泊り込んでいた入所型知的障害者施設での出来事です。地方の小さな町の施設です。利用者が買い物に出かけるため、職員が運転する自動車に数名の利用者と私が乗り込みました。しばらく行くと商店街が見えてきました。自動車に乗っていた利用者の松野さんが「止めて」と言うのです。職員が自動車をとめると松野さんはさっと降りてしまったのです。私はどうしたのかと思っていると、職員の方が、「松野さんは、将棋を指すんですよ。あそこに年配の人が数名将棋を指しているのが見えるでしょ」と説明してくれたのです。そのまま自動車は走り去り、1時間半ほどして再び先ほどの場所で松野さんを乗せて施設に戻っていったのです。
　松野さんは買い物に出かけるよりも地域の同年輩の住民と将棋を指すために自動車に乗り込んだのです。職員もそのことを承知しているのです。後で聞いた話ですが、一緒に将棋を指していた人たちは松野さんの幼なじみだそうです。利用者と地域住民がつながっているのです。「施設の利用者だから」といった関係ではなく、「一人の友人として」将棋を指しているのです。
　私はとてもすばらしいことだと思いました。利用者が地域の住民に入っていき、住民もそれを受け入れている関係こそ重要なのです。また、施設外で長時間利用者を職員の目の届かない範囲であっても利用者のニーズに応えているという姿勢にも感銘を受けました。

◆利用者が商談

　私が以前勤めていた施設での出来事です。通所施設だったのですが、利用者数名が毎日のように立ち寄るコーヒーの専門店があるのです。狭いお店で数名の利用者が陣取るとお店は満席です。私の勤めていた施設の利用者には

いわゆる「口の立つ」利用者が多くいたのですが、コーヒー店の店長と仲良くなり、施設での出来事なども話すようになったそうです。

　その会話の中にバザーを行うという話題が出てきたようで、バザーにその店で販売しているコーヒーを使って欲しいという申し出が利用者を通じてあったのです。利用者は店長から名刺を受け取りここに連絡をして欲しいというのです。私は早速電話を入れ、話を伺ったところ、利用者の話す内容通りだったのです。「いつも○○さんから伺ってます。少しでもお役に立てればと思い、良ければお使いください」とのことだったのです。

　その後も季節の変わり目に「利用者の方に飲んでもらってください」と献品してくださるようになったのです。利用者が立ち寄る店で自分たちの生活のことを話したことが思わぬ反響を招いたのです。

　二つの例をご紹介しましたが、利用者と地域とのつながりが取れている事例です。私たちは、施設と地域とのつながりに懸命に取り組んでいますが、最終的には、利用者と地域とのつながりを目指すものでなければいけないと思います。

利用者が地域住民に

第5章　これからの社会福祉施設

◆オンブズマン

　私は、ある施設の話を聞いて大変驚いたことがあります。行政監査のある日だけ普段物置にしている○○部屋を片付けてあたかも利用者のために使ってますよとカモフラージュしたり、利用者の入浴に際し、普段は効率を上げるために利用者を裸で廊下に並ばせて待たせているのを監査の日だけ一人ひとり順番に丁寧に脱衣所で服を脱がせているのだそうです。その後の職員の言葉が、「今日は監査があったから普段の倍の時間がかかった」と不満そうに漏らしていたのだそうです。まったく利用者不在で閉鎖的な"処遇"が行われているとしかいえません。このような施設は例外かもしれませんが、存在することは事実です。

　施設機能をチェックする仕組みとしてオンブズマン制度が注目を浴びています。第三者が施設のサービスについて評価したり利用者の生の声を反映させることで、より良いサービスを目指そうというものです。全国レベルでオンブズマン制度が導入されつつあります。先駆的に導入して自らのサービスを謙虚に受け止めている施設も多くあります。

　一方で、施設批判や職員批判につながり、職員が萎縮し、職員の自主性や主体性が失われ職場が活性化しないとも言われています。業務がマニュアル化されたり、職員間で監視し合うようになり信頼関係が損なわれる恐れがあります。また、施設長の諮問機関として取り入れると、職員の査定や人事考課に使用される危険性のあることが指摘されています。

　高山直樹氏によると、本来、オンブズマンとは、疑心暗鬼な関係を作ったり、施設とオンブズマンが対立する関係になることではありません。第三者による客観的な立場から施設と協働しながら、利用者の権利擁護を推進していくことなのです。利用者に「あなたにはこんな権利があるのですよ」、「権利は口にしてもいいのですよ」、と伝えることで利用者の意思を尊重しつつ権利意識を引き出していく支援を行うことなのです。決して、職員や施設を

糾弾することではないのです。あくまで客観的な立場のオンブズマンでなければいけません。その意味で高山氏は、地域に根ざしたネットワーク型のオンブズマン制度の設置を強調しています。今後は、第三者機関の評価システムは確実に増えていくものと思われます。

ただ、全体的に見ると現時点でオンブズマン制度を導入している施設はそれほど多くありません。また、オンブズマンに否定的な見方をしている施設もあるようです。

施設の中から職員が利用者支援のあり方を考えていくと同時に、オンブズマンに対する正しい理解のもとに、施設も職員も謙虚に自らのサービスのあり方を見直すことも必要です。

◆ボランティアの意義

施設には実に多くのボランティアが活躍しています。ボランティアには色々な意味があると思いますが、ここでは利用者支援との関連で考えていきたいと思います。

第1に、ボランティアが施設に入ってくることで、施設の活性化につながります。第三者が施設に入ってくると、職員と利用者だけの関係ではなくなります。職員や施設の横柄な態度に対し、チェック機能が働きます。ボランティアを目の前にして、社会福祉を伝授している施設が、いい加減な対応を出来ません。もしいい加減なことをしているとたちまち批判にさらされてしまいます。施設にいい風が吹きます。ボランティアは、施設側も構えることなく第三者を受け入れているわけですから、大いに活用出来ますし、存在意義は大きいと思います。

第2に、利用者がボランティアと直接関わることで、利用者の社会が広がります。対人関係といえば、家族、職員や他の利用者に限定されてしまっている利用者も多いように思います。なかには職員としか関わりをもてない利

用者もいます。そのような利用者にとって、家族や施設以外の人と関わりをもつことで、対人関係に広がりが出来ます。それだけ利用者の世界が広がります。ボランティアは、一定時間特定の利用者とじっくり関わりをもつことが出来ます。このことは、たとえわずかでも利用者は生活を活性化させることが出来るでしょう。

　第3に、より良いサービスの担い手になります。施設では取り組まなければならないことが実に多くあります。限られた人材では限界があります。より良いサービスを提供するために、ボランティアがその一役を担っていくということは非常に意味のあることです。職員の手の届かないところにボランティアが入ってくれると職員としても安心です。私が以前勤めていた授産施設で、大量の受注があったときのことです。作業ボランティアをお願いしました。職員が作業に張り付けになるのではなく、余裕を持って利用者支援を行いたいという想いからです。決して職員が楽をするためにボランティアをお願いするのではありません。あくまでより良いサービスを目指してのことです。

　しかし一方、気をつけておかなければならないこともあります。ボランティアといえども部外者です。多くの部外者が遠慮なく施設に入ってくると、利用者のプライバシーを侵される心配があります。すべての利用者が一様にボランティアを歓迎しているわけではありません。とくに入所施設では、生活の場であるため、生活の場に足を踏み入れることになりますので利用者の意向を十分汲み取ることが肝要です。

　また、生活の場で見聞きしたことをボランティアが外部で話をすることも十分予想されます。利用者の生活が話のネタになってしまう恐れがありますので、この点についても十分配慮する必要があります。利用者と関われる時間帯や場所、内容などについてある程度約束事を決めておいた方がよいのかもしれません。

◆地域住民の社会福祉を

　これからの施設は地域福祉の拠点にならなければなりません。施設利用者の支援だけを考えている時代ではなくなりました。施設がある地域の住民の社会福祉を考えていかなければなりません。近年施設では、地域福祉課という部門を設けて在宅の高齢者や障害者の生活を支援しているところも増えてきました。特別養護老人ホームでは、デイケアサービスやショートステイ事業を併設するようになっています。多くの在宅介護支援センターも施設に併設されています。

　このように、施設の持つ専門機能をいかに地域に浸透させることが出来るかが地域に根ざした施設の評価にもつながってきます。

3　まとめ

◆自己理解

　職員は、利用者支援を行っていくうえで利用者を理解することばかり専念していてもいい支援は出来ません。より良き支援を行うためには、自己理解にも努めましょう。

　職員の津山さんは、利用者の奥野さんと話をしていると、いつもイライラしてきます。奥野さんのキツイ口調でものを言われると反射的にきつく言い返してしまうのです。双方気分を害してしまいます。

　津山さんはいけないことだと分っているのですが、奥野さんの言い方を聞いているとつい言い返してしまうのです。皆さんはこのような経験はないでしょうか。

　利用者と関わるとき、じっくり向き合って話を出来る利用者と出来ない利用者がいるかもしれません。職員も人間ですから人との相性というのがあり

第5章　これからの社会福祉施設

ます。また、そのときの気分によっても違ってきます。

　このようなことを最小限に留めるために、職員は自分自身を知ることが大変重要になります。自分はどのような人間なのだろう、どのような傾向があるのだろう、△△といった状況では××といった行動をとってしまう、など自分を客観的に知ることで利用者に対し抱いている感情をコントロールすることが出来、利用者との関わり方を整理することが出来ます。

　先ほどの事例で見ると、奥野さんと話をしているとついイライラしてしまう自分をまず認めることです。そのうえで、どのような状況のときにイライラするのか、その原因はどこにあるのかを振り返ることで、そのような状況に陥ったときにきつく言い返さないで別の対応法はないのかを考えることが出来ます。そうすることで、誤った対応法をしていた状況下でもきっちりとした対応が可能となるのです。

　また、自分自身の能力や限界にも気づきます。今の自分の能力ではどうしても対応できないといった問題に直面することも多くあるはずです。そのことを素直に認めることによって、他の職員に応援を依頼することが出来ます。出来もしないことを出来ると思い込み大きな間違いを犯すよりも、能力の限界を素直に認め応援を依頼することのほうがよほど立派な職員ですし、利用者の利益にもつながります

　皆さんは、自分自身のことをどの程度理解しているでしょうか。改めて考えてみると、ふと立ち止まってしまうのではないでしょうか。

　自分を客観視することは勇気がいりますが、意外な一面が見えてよいと思います。自己理解のための書物もいくつか刊行されていますので、ぜひトライしてください。色々な方法で自分自身を知ることが出来ます。

　川瀬正裕・松本真理子編『新自分さがしの心理学―自己理解ワークブック』などは手軽に行えるのでお勧めです。

◆積極的な活動を

　多職種協働ということを述べました。いろいろな専門機関やインフォーマルな人々の協力の下で利用者支援は展開されるのです。このようななか、施設職員は、アクティブに"動く"ことが求められます。手をこまねいて待っているだけではいい支援は出来ません。積極的に外に働き掛けていくことが重要です。

　私の経験からいって、授産施設の職員は、利用者の就労に向けどれほど企業にコンタクトを取っているでしょうか。どれほど利用者を企業に売り込んでいるでしょうか。ほとんど出来ていないのが現状です。これを言うと、「利用者の能力を考えるととても就職に結びつかない」、「一旦就職しても苦労していじめられて辞めるのだったらかわいそうだ」といった反論が返ってきます。利用者に適した作業や企業を探したうえでこのことを言うのならまだ分ります。そのような活動をまったくしないで言うのは、怠慢以外のなにものでもありません。日々の利用者との関わりに手がいっぱいなのは分ります。しかし、就労支援を行っている以上、就労に対する取り組みをまったく行わないと利用者支援とはいえません。

　入所更生施設でも同じことが言えます。利用者の「地域生活」を目標に掲げながら、利用者が地域で生活出来るような環境をどの程度模索しているのでしょうか。住居探しに始まって、周辺の環境調査、バックアップ体制の整備、経済保障、利用者への対人関係スキルの修得などアクティブな活動を行っているのでしょうか。

　他の施設でも同じようなことがあるはずです。施設にいる利用者の日々の生活支援に専念するのではなく、広い視野からの支援を考え実践してください。

第5章　これからの社会福祉施設

◆新たな制度をつくるぐらいの意気込みを

　利用者支援を展開するうえで、法制度上限界を感じることがあります。この利用者にはこの制度は適用できないとか、現在の制度ではそのようなサービスは存在しないといったことが実に多くあります。

　ここで「制度がないから仕方がない」、と諦めてしまうのではなく、「制度がないなら出来るところから始めよう」という意気込みをもって欲しいと思います。本当に必要なものなら、制度がないまま走っていても、いつかは行政も認めてくれます。

　私たちの利用者支援というのは、既存の制度やサービスに利用者を合わせるのではなく、利用者に必要なサービスを提供することです。

　地道な活動を通してそれを大きなものにしていく、まさに施設のエンパワーメントです。新たな制度を作ってやるくらいの意気込みをぜひ持ち続けてください。

◆利用者の生活と権利を守る職員に

　すばらしい職員というのは、必ずしも利用者から"人気のある職員"を指していません。利用者の単なる要望を満たしてくれ、一部の利用者から「あの人はやさしい」と人気取りのようなことをしてもまったく意味がありません。それどころか、利用者にとって害になるだけです。

　利用者のニーズを充足するには、ときには厳しく関わっていかなければならないこともあると述べました。その厳しさのなかにも、利用者の生活と権利を守っていくことの意味を十分認識し、社会福祉従事者としての職業倫理をしっかり押さえたうえで利用者と共に歩む職員こそが本当にすばらしい職員なのです。

　このようなことをしっかり押さえた職員は、利用者も見抜いています。そして利用者からの信頼も厚く、本当の意味での良い支援を行ってくれる職員

として認められるのです。

　利用者支援の意味を常に考えながら、実践のプロフェッショナルとして活躍していただくことを強く願っています。

第5章のポイント

- ◎施設は一社会資源である。施設内ですべてを完結するのではなく、多様な専門機関やインフォーマルな社会資源を有効に活用しながら、利用者支援を展開すること。
- ◎家族、近隣住民、ボランティアといったインフォーマルな社会資源こそいざというときに最も役に立つ。利用者がインフォーマルな社会資源と上手く関わっていくことが出来れば、地域生活が可能となる。
- ◎地域に根ざした施設とは、施設が地域と連携を図っていくことに加え、利用者自身が施設で生活を送りながらも地域住民になりうるかということも大きなポイントである。
- ◎施設の内側から本当の利用者支援を考えていくと同時に、第三者による評価を謙虚に受けとめつつ、利用者支援を展開することでより良いサービスが提供できる。
- ◎ボランティアの存在意義は施設にとっても利用者にとっても大きな存在である。部外者であるボランティアが施設に入ってくるリスクを十分配慮しながらも、大いに参画してもらおう。
- ◎施設は地域福祉の拠点として、在籍している利用者だけのサービスを考えるのではなく地域住民の社会福祉を視野に入れたサービスを考えるべきである。

第5章　これからの社会福祉施設

◎職員は利用者支援を展開するうえで、自分の限界や可能性をしっかり見つめよう。自分自身を知ることで、これまでの利用者支援のあり方を見直すことが出来る。また、限界を認めることは勇気がいるが、自分の能力をわきまえた立派な職員でもある。チームとして機能している利用者支援であるから、お互いカバーし合う体制こそが必要である。

◎待ちの姿勢ではなく、積極的に外部にも働き掛けていくこと。サービスに利用者を合わせるのではなく、利用者に必要なサービスを提供しよう。存在しないサービスなら作るくらいの意気込みが必要であり、そのことが施設のエンパワーメントになる。

◎「利用者の生活と権利を守る」、このことを絶対に忘れないように。

引用・参考文献

津田耕一:「両親を亡くした軽度重複障害者への援助－身体障害者通所社会就労センターでのソーシャルワーク事例研究－」『ソーシャルワーク研究』22巻第4号　p48～p54　1997

川瀬正裕・松本真理子編:『新自分さがしの心理学―自己理解ワークブック』ナカニシヤ出版　1997

高山直樹:「権利擁護システム構築の推進主体は誰なのか－福祉オンブズマン制度を中心に－」『基督教社会福祉学研究』第30号　p4～p11　1998

高山直樹:「地域ネットワーク型オンブズマンの意義と展望－湘南ふくしネットワーク・オンブズマン活動を中心に－」『基督教社会福祉学研究』第33号　p21～p28　2001

おわりに

　現場を離れて数年になります。この数年で社会福祉の情勢は大きく変わっています。1998年には、50年ぶりに大改正された児童福祉法が施行され、「社会福祉基礎構造改革について」が公表されました。1999年には、障害関係三審議会から「今後の障害保健福祉施策の在り方について」の意見具申が出されました。2000年には、介護保険法が施行され、5月に社会福祉事業法等福祉関連の八法が一部改正されました。わずか数年の間にこれほどの変革を遂げたのは社会福祉の歴史では戦後の草創期以来のことです。

　私が現場で働いていたときと比べると、社会福祉に対する考え方も変わってきたように思います。したがって、本書で述べたことが現実的でないかもしれません。しかし、本書が本当の利用者支援とは何かを考える材料となり、利用者支援を実践していくうえでの叩き台になれば幸いです。その点については、是非とも皆様のご意見を頂戴したいと思います。

　私は大学で社会福祉を学んできたのですが、現場では学んだ理論を活かすことはほとんど出来ませんでした。理論と実践は違うのではないかと思うようにもなりました。そんななか、社会福祉士や介護福祉士といった国家資格が誕生し、もう一度社会福祉を勉強しようと思い通信教育を受講し始めました。そうすると欲が出たのか、もっと専門的に勉強したいと思うようになり、大学院への進学を考え始めました。このとき、私を休職扱いにして籍を残してくださった社会福祉法人神戸聖隷福祉事業団、大学院に暖かく受け入れて下さった武田建先生（現在関西学院理事長）の存在が大きな励みとなりました。大学院では、英語に泣かされましたが勉強の仕方を学びました。大学院での学びが実践の裏づけともなりました。

　現場に戻った後は、理論を実践にどう結びつければよいのか、理論と実践はどう違うのか、どうすれば実践をもっと科学的に出来るのかを考えてきま

した。幸い、当時の施設長が理論に裏づけされた実践こそが本当の実践であるという考えをもっており、私を伸ばしてくださいました。同僚も勘や経験に頼らず実践の裏づけとなる根拠を強く求めていたことから、施設内で独自の研修会を開催し実践に即した社会福祉援助について考えていきました。この蓄積が私の利用者支援実践の源になっています。

また、大学院在籍中に法人内に社会福祉研究所が創設され、研究員として職員研修や研究活動に携わる機会が与えられたことも大きな出来事となりました。研究所のスタッフの意見はいつも利用者支援とはなにかといったことをベースに置いたもので、私にとって大変いい刺激になっています。また、研修を通して職員の方から色々なことを教えていただきました。現場を離れた今も研究員としていつも新鮮な気持ちで職員研修に携わっています。

このような実績と多くの方々からいただいたご助言から本書は生まれております。現場の方との意識のズレを感じることもありますが、本質を見失わないよう利用者支援のあり方を現場で働く職員の方々と一緒にさらに深めていきたいと考えております。

最後に、本書の企画を勧めてくださった久美株式会社井上泰暢さん、遅れがちな原稿にもかかわらずテキパキと編集作業を進めてくださった大塚真須美さん、私の拙い文章に花を添えてくださった漫画家畑田多実さんには心よりお礼申し上げます。

2001年2月

津田　耕一

著者略歴

津田 耕一（つだ こういち）

1961年生まれ。
社会福祉法人神戸聖隷福祉事業団に就職し、身体障害者通所授産施設神戸友生園指導員として勤務。同法人ホーリスティック社会福祉研究所研究員を兼務。この間、関西学院大学大学院社会学研究科修士課程にて社会福祉学を学ぶ。社会福祉士。
現在、関西福祉科学大学社会福祉学部助教授。社会福祉法人神戸聖隷福祉事業団評議員などを兼務。

著書

共著『社会福祉援助方法』有斐閣、1999年
共編『事例を通して学ぶスーパービジョン』相川書房、2000年
共監訳『ソーシャルワーク・アセスメント』ミネルヴァ書房、2001年
共編『事例研究から学ぶソーシャルワーク実践』八千代出版、2001年
共著『ともに学ぶ障害者福祉』みらい、2001年ほか

施設に問われる利用者支援

2001年4月17日　第1版第1刷発行
2002年2月22日　第1版第2刷発行
2004年8月26日　第1版第3刷発行

　　著　者　　津田　耕一
　　発行者　　田中　久米四郎
　　発行所　　久美　株式会社
　　〒604-8214
　　京都市中京区新町通錦小路上ル
　　電　話　075（251）7121
　　ＦＡＸ　075（251）7133
　　http://www.kumi-web.co.jp/
　　info@mail.kumi-web.co.jp
　　郵便振替口座　00900-2-136933
　　ISBN4-907757-10-7　C3036
　　印刷・製本　創栄図書印刷株式会社
　　Printed in Japan

　　　　　　　　　　　　　　　　　　　　　ⓒKOHICHI TUDA　2001

落丁・乱丁本の節はお取り替えいたします
許可なく本書の一部または全部の複写・複製を禁じます